老科学家学术成长资料采集工程丛书

竺可桢的抗战年代

——竺藏照片考述

樊洪业　李玉海　编著

中国科学技术出版社
·北　京·

图书在版编目（CIP）数据

竺可桢的抗战年代：竺藏照片考述 / 樊洪业，李玉海编著. —北京：中国科学技术出版社，2015.8

ISBN 978-7-5046-6964-3

Ⅰ. ①竺… Ⅱ. ①樊… ②李… Ⅲ. ①竺可桢（1890 ~ 1974）—生平事迹 Ⅳ. ①K826.14

中国版本图书馆 CIP 数据核字（2015）第 184171 号

责任编辑 许 慧 韩 颖
责任校对 刘洪岩
责任印制 张建农
版式设计 中文天地

出　　版 中国科学技术出版社
发　　行 科学普及出版社发行部
地　　址 北京市海淀区中关村南大街16号
邮　　编 100081
发行电话 010-62103130
传　　真 010-62179148
网　　址 http：//www.cspbooks.com.cn

开　　本 787mm×1092mm 1/16
字　　数 270千字
印　　张 14
版　　次 2015年9月第1版
印　　次 2015年9月第1次印刷
印　　刷 北京华联印刷有限公司
书　　号 ISBN 978-7-5046-6964-3 / K · 174
定　　价 58.00元

导 言

竺可桢（1890 ~ 1974），字藕舫，浙江绍兴人。中国现代气象学和地理学的奠基人，新中国自然资源综合考察事业的开创者和领导者。1910 年为第二批庚款生赴美留学，毕业于哈佛大学地学系，获博士学位。1918 年归国，历任武昌高师、东南大学、南开大学等校教授，1928 年任中央研究院气象研究所所长，1936 年兼任浙江大学校长，1948 年当选中央研究院院士。1949 年后长期担任中国科学院副院长，1955 年当选中国科学院学部委员，任生物学地学部主任，1958 年担任中国科协副主席。一生著述丰富，有 24 卷《竺可桢全集》出版存世。

竺可桢生前爱好摄影，拍摄了大量照片，也收藏了从多种渠道获得的照片。1936 年以前的照片大多因抗战内迁不幸丢失，现存的数以千计的照片主要是 1937 年以后拍摄的。竺可桢去世后，这些照片分别为其子女收藏，我们统称为“竺藏照片”。

“老科学家学术成长资料采集工程”是以老科学家个人为单元来实施的。资料采集的范围广泛，涉及文字、口述、图像、实物等各种类型。在竺可桢遗属的支持下，采集工程于 2013 年决定对竺藏照片进行整理、辨认和电子化保存。此项工作正在顺利进行中。

综观竺可桢平生业绩，抗战时期最为卓著辉煌。1936 年临危受命长浙大，本想做一番励精图治的努力而为学校打下一个较好的基础之后，即回身中研院气象研究所从事自己钟爱的科研工作。未料一年多之后“七七”事变发生，他心系全校师生之安危，力担为国贮才育才之大任，遂有“文军长征”之壮举，一迁建德，二迁泰和，再迁宜山，落足遵湄，竟在万般艰苦困厄中致浙大崛起，跃居于全国少数名校之列。

时逢“九三”抗战胜利 70 周年，今选取抗战时期的竺藏照片，考述成册，以作为中华民族这一伟大节日纪念的献礼。

竺可桢一生阅历丰富，交际广泛，与重要历史人物、机构、事件的关联度高，这些跨时长久、存量丰富的“老照片”也就具有了独特的史料价值。

一般而论，由于摄影技术的发展和普及，个人拍摄和收藏的照片在数量上要远远多于书刊的揭载和公益机构的收藏。由于照片画面留存的是直观的形象和场景，是事物外观的近真写照，为文字所难以表现和不能表现，它必将在史学研究中占有愈来愈重要的地位。

历史文本的叙事依赖于具体可靠的史料，而一幅幅照片能否真正成为有用的史料，在于能否从照片图像中提取其中所蕴含的历史信息，形成有关的文字记录和叙述。而照片资料的先天性缺陷又恰在于图片与文字的分离。对于大多数人来说，手中持有的大多数照片都不附有文字说明。或者虽然标有持有者给予的编号和“关键词”，但因为过于简略而远远不能反映它潜含信息的全貌，随着时间的流逝而记忆变得模糊，也随着人与照片的分离而可能变成历史“谜语”。

竺藏照片多有竺老的亲笔题字，繁简不同，都具有重要的提示意义。

史缘巧合，与摄影爱好相平行，竺可桢保有长期记日记的习惯，而抗战时期的日记都得到了完整的保存。这为我们辨识、考证有关照片提供了莫大的帮助。这是很值得庆幸的。

然而，也有相当数量的照片是没有题字的，或有的题字过于简单。在他生活的那个时代，一个胶卷不一定用多长时间，冲了胶卷洗出照片之后，又不一定经过多长时间才能加以整理，题字简单，记不准时间、人名和地名，匆忙之间出现笔误，等等，都是难以避免的。

同样，竺老的日记虽然为考证工作提供了有力的证据，但大多数照片并没有提供准确（或正确）的时间线索，更没有在竺老日记中直接提供与照片关联的现成答案。这样，在享有对竺藏照片辨识中所特有的整体优势之外，我们同样必须面对这些带有普遍性的问题：

（1）为空白照片撰写说明文字，涉及时间、人物、地点、事件等要素；

（2）为原有说明补写缺项要素的文字；

（3）对原题文字中不够准确的内容予以扩展，如时间尺度上的年月日细化、人物称谓的规范化等；

（4）改正已有原题中的错误，包括笔误、音误、传误和忆误等。

这些补充和修改都将在本书中做出简要说明。

还有必要指出，本书既不是用照片组合起来的人物画传，也不是一般展示收藏的照片资料集，而是属于以竺藏照片作为研究对象的、在考证研究的基础上形成的学术史料性著作。我们努力挖掘和解读深藏在照片中的历史信息，通过竺可桢作为科学家、教育家等多种社会角色的真实形象和生活场景，反映中华民族抗战伟大史诗的一些重要侧面。同时，也是因“料”制宜，为采集工程丛书增加一个新品种。

作者有意通过此书向史学研究工作者呼吁：要像重视文字资料那样重视照片资料，用学术标准去规范照片资料的收集、辨识、编订和使用，这是一项很具新颖性和挑战性的重要课题。

在本书的编撰过程中，始终得到了采集办公室主任张藜研究员和竺老遗属竺安先生与黄峰先生的指导和支持；图片编辑工作的质量和效率全赖许慧副总编、韩颖编辑和北京中文天地文化艺术有限公司金丰先生之力；张佳静博士提供了“浙江大学和气象研究所抗战前期播迁路线图”的底样；张丹女士承担了全部图片的扫描工作，这里向他们一并表示衷心的感谢。

最后，还必须表达我对“老科学家学术成长资料采集工程”的感谢、期待和支持：

采集工程，我们共同的事业！

樊洪业

2015 年 7 月 26 日于中关村

凡例

1．本书收录竺可桢收藏的抗战时期的照片，简称“竺藏照片”，以区别于各种书刊和网络上有关竺可桢形象或与竺可桢有关而非竺可桢收藏的照片。以 1937 年 7 月抗战全面爆发为起点，以庆祝抗战胜利的 1945 年 9 月为终点。因有特别需要而引用的这一时限以外的照片以及这一时段以内的非竺藏照片，则特别标明为“附图”。

2．全书以有内容关联的照片为基本组合单元，一般按时间先后排序。

3．为保证向学术界提供可用于研究的原样态照片，不修饰、不叠加、不直接改正原图题字中的错误，只对个别照片中不易辨识的关键图像点做出细箭头标示。

4．以图为核心，一般在图（图组）周围简述拍摄照片的相关背景，为使本书便于联贯性阅读，适当加入了前后照片之间的衔接或铺垫性文字。

5．图下设图题。多由本书作者撰写，对照片内容做出简约而规范化的表述，一般包含“何时、何地、何人、何事、何物”五要素。以“何时”为必有要素，其他要素视照片内容而定，或有简化。少数图题直接采用竺可桢之原有文字。

6．根据照片的具体情况，有时在图题之后附有图注文字，对图中人物一般按“左起”列名，并列出人物的别名和当时身份。

7．与图题和图注文字相对应，根据照片的重要性，简述考证要点和过程，为考证结果提供必要的文献依据（但不以论文形式表述考证之细节）。有些则在图题的基础上，对照片的时代背景，照片中的人物、机构、事件以及与其他照片的因果关联等，做必要的扩展性叙述。个别考证性文字写在脚注中。

8. 对用为基础性文献的竺可桢日记使用略称表示，如“380525 日记”即表示 1938 年 5 月 25 日的竺可桢日记。引述段落文字用楷体。为便于阅读，对引述文字做必要的缩写，对原文中的错字赘字漏字径改不注。读者在引用这些文字时，请注意按已出版的《竺可桢全集》核对。与本书主题相关，在引述日记时，注重引述了反映抗战进程的有关内容。

9. 对原图中出现的竺可桢原题文字的错误，一般在脚注中指出。

10. 本书以年代设置章节，各时间段中照片的数量、质量、类型有较大差别，阅读本书时，请注意作者对各部分的综合性说明。

目录

1937年（7月之后）

竺可桢本年主要居住地

杭州（1 月至 11 月）

建德（11 月至 12 月）

◎在山上俯瞰即将建成的钱塘江大桥，竺可桢摄于 1937 年 8 月 29 日。

钱塘江大桥于 1933 年 8 月由茅以升主持设计，1934 年 8 月 8 日开始动工兴建。上海发生“八一三”战事后第二天，敌机即来杭州炸桥。

◎附图　1937 年 9 月底建成时的钱塘江大桥[1]

1937 年 8 月 29 日，星期天，竺可桢偕长子竺津登上天竺峰，又远走琅珰岭（又称“郎当岭”）。在山上远眺即将竣工的钱塘江大桥，拍下此照。因离得太远或是江面雾气重，影像比较模糊。大桥于 1937 年 9 月 26 日建成，11 月 17 日通车，为我国第一座现代化公路、铁路两用桥。见附图。

① 茅于润：《我的父亲茅以升》，浙江文艺出版社，2011 年，第 41 页。

鉴于战争发展的危险形势，为了不被敌人侵占后利用，茅以升预先制定了完备的炸桥方案。在杭州陷落前夕，通过大桥输送了大量重要物资，曾有日以万计的避难民众穿桥南下。在城陷前一天的 12 月 23 日自行炸毁，只留下残存的桥墩。抗战胜利后，于 1948 年 5 月成功修复。建桥—炸桥—复建的全部工程皆由茅以升主持。

竺可桢与茅以升（唐臣）为故交，初识于留美时期的中国科学社，回国后都曾在东南大学执教。竺可桢在出任浙江大学校长不久，即到大桥建筑工地拜访茅以升和参观工地，并在当天日记中记下了桥梁工程建设的一些细节。后来茅以升看到这些文字时说竺可桢“虽然不是搞土木的，可对建桥之事却知道的很多”[①]。

◎ 茅以升（左 3）和他的主要助手罗英（左 4）在杭州钱塘江桥边，竺可桢摄于 1936 年 7 月 19 日。[②]

在登琅珰岭这一天的日记中，竺可桢述及沿途从沦陷区逃到杭州来的避难者和日军飞机轰炸笕桥航空学校。还得知南京受到轰炸的情况。“由子夜至三点，在中央路以东投延烧弹，事后四处起火，以立法院附近为最甚，中大实验小学亦被烧，电灯厂建设委员（会）间及沙塘园前之双井巷均落弹。廿六后移家者更多，街上极寂寞，而衣食二事在京中已难购得”。竺可桢岳母家即在南京沙塘园。

一个星期之前，竺可桢已将家眷接到杭州。

---

① 《竺可桢日记序》，人民出版社，1984 年。

② 原题“民国廿六年”。

◎西天目山护龙桥及鲍宅，竺可桢摄于 1937 年 9 月 26 日。[1]

浙江大学按计划于 9 月 10 日开学，但因敌机连日袭扰杭州，为安定教学环境，校中多次讨论了避难地点问题。竺可桢先于 8 月 26 日赴东天目山禅源寺考察，后经校务会议决定，在天目山设一分校，成立临时办事处，由地质学教授朱庭祜（仲翔）任主任，新入学的一年级学生悉数直接前往天目山报到，9 月 21 日首批学生出发。竺可桢于 9 月 26 日乘车赴天目山视察，途中曾至鲍家宅院考察学校可用房屋情况。

天目山在於潜县北 40 华里，有东西两高峰，峰顶各有一池，故称“天目”。禅源寺在西天目山。

370926 日记

乘新四号车赴天目山。在途购得《东南日报》一份，知倭机九十余只于昨分五次入京轰炸，计毁下关电厂、中央广播电台等，唯死人不多。而前日武汉则贫民窟即死二、三百人。上午 10:30，倭机曾来杭州，在西湖环绕数匝，放射机关枪，不知何用意也。

余等一行于 9:30 至鲍家站，见鲍家堆积木炭甚多，想系因无人过问之故欤。10:15 至禅源寺，知星期一可以上课。12 点在有缘堂中膳，膳后至寺前鲍家及刘寓一观，鲍宅可住三四家或十余人。17 点由鲍家站出发，19 点抵校。

---

① 原题“廿六年十月”。

10月初，杭州形势日益紧张，竺可桢前往建德为迁校觅址，途中经过桐庐。

371002日记

上午7：30赴严州，8：30过富阳，见各处均在掘壕沟。9：30至桐庐，过渡后至圆通寺。11点至建德，开入城中，直至县署。隔邻严州中学有地二百亩，现只用第二部，第一部拟借与杭师，房子均须修理。出至市中，中膳，膳后即至林场、基督教堂、中山厅、何宅、天主堂、方宅等处视察。

◎浙江桐庐圆通寺，竺可桢摄于1937年10月2日。[①]

① 原题“九月”。据考，竺可桢9月没有到建德的记录。原题“圆通庵”系“圆通寺”之误。

◎杭州万松园竺可桢寓所（楼下），竺可桢摄于1937年10月10日。

◎竺梅（右）与竺安在杭州万松园寓所大门前，竺可桢摄于1937年10月10日。

竺可桢家眷先于8月21日由南京寓所迁至杭州，9月18日租定清波门附近马文车[①]的万松园，“租金五十五元，自二十日起租，计楼下屋四间及厨房、下房等”。

据371010日记，竺可桢受老友柳诒征之托，为柳女（定生）婚姻事在万松园家中请客，使与钱钟韩见面。

---

① 据370307日记，此前竺可桢已与马文车相识。马文车，浙江东阳人，曾长期担任蒋介石的秘书。一度任甘肃省代主席，后任民革中央团结委员。

◎钱基博、梅光迪等在杭州万松园竺可桢寓所庭院中聚会，竺可桢摄于1937年10月10日。
左起：诸葛麒、钱基博、钱钟韩、柳定生、张其昀、梅光迪、陈应雄、张侠魂

诸葛麒（振公），浙大校长室秘书；
钱基博（子泉），钱钟书之父，浙大中文系教授，与钱钟韩之父为孪生兄弟；
钱钟韩，浙大机械系教授（后为中科院学部委员）；
柳定生，浙大史地系助教，其父柳诒征（1948年中央研究院人文组院士）；
张其昀（晓峰），浙大史地系主任，中研院评议员；
梅光迪（迪生），浙大文理学院副院长、外文系主任；
陈应雄，竺家亲友；
张侠魂，竺可桢之妻。

10 月 13 日，竺可桢偕张侠魂与胡刚复由杭州赴南京，至教育部、中研院、资源委员会、兵工署、气象研究所等处接洽和处理公务。16 日离开南京返回杭州之前，竺可桢陪同张侠魂看望陈新午。陈新午是兵工署署长俞大维之妻、陈寅恪之胞妹，与张侠魂是清末秣陵养正学堂时期的闺蜜。

◎俞大维全家在南京百水桥兵工署研究所楼前，竺可桢摄于 1937 年 10 月 16 日。
俞大维与夫人陈新午，左孩为俞方济、右孩为俞小济

◎张侠魂、胡刚复与俞大维全家在南京百水桥兵工署研究所楼前，竺可桢摄于1937年10月16日。

左起：张侠魂、陈新午、俞大维、胡刚复，前立者俞方济、俞小济

371016日记

9:15由山西路偕刚复及侠乘车出发。10点至百水桥，因侠欲与俞太太陈新午一面，故在百水桥停半小时。据俞大维云，金陵兵工厂所造之迫击炮已较前大为改良，可射至三公里以外，远近与表相差不过1%。渠并询及中国各地之空气密度，又谓浙大如有出类之毕业生，愿收在兵工署学习云云。

10:30出发，过句容见一大坑，乃日机所炸，据云昨日机八、九只过此，投弹均落田中。

10月24日下午，竺可桢赴天目山分校视察，当晚住天目旅馆。次日上午，371024日记中记有为学生“作演讲，题目为《大学生之责任》，讲约三刻钟。讲毕，偕承圻与鲁珍复参观教室、卧室及厨房，复至禅源寺四周拍照数张。”

◎竺可桢（中）在天目山禅源寺，摄于1937年10月25日。①
左为舒鸿，右为潘承圻
舒鸿，体育教授；潘承圻，化学教授，天目山分校临时办事处负责人。

① 原题时间1937年秋。另，根据日记中对随行人员的记述，此照应为沈思玙摄。

◎潘承圻（左）和沈思玙在天目山禅源寺，竺可桢摄于 1937 年 10 月 25 日。

沈思玙（鲁珍），浙大事务主任，代总务长，史地系副教授。

◎舒鸿（左 2）与张孟闻（左 1）两家人在天目旅馆门前，竺可桢摄于 1937 年 10 月 25 日。

张孟闻，动物系教授。

◎建德乌龙山下的林场中设有浙大教室，竺可桢摄于 1937 年 11 月 28 日。①

11 月 5 日，日军在离杭州不远的金山卫全公亭登陆，浙大决定全校临时集中迁往建德，自 11 月 11 日起，分三批动身，每晚出发一批。天目山学生亦下山乘船经桐庐至建德。

据 371024 日记，“七点三刻至校开会，讨论迁校址问题”，“决定二、三、四年级全移建德，预期于一星期内开始迁移。十点半散，即有警报，余等见有轰炸机三自东北来，在南星、闸口一带上空飞翔八匝，最后投炸弹三枚而去。”

在离开杭州之前，竺可桢已派教务长郑晓沧先行在建德筹备临时校舍，师生员工抵达即得以安排。教室分散在多处，其中一处在乌龙山下的林场。

据 371128 日记，竺可桢“赴乌龙山林场”，并登山一游。

竺可桢重视旅游，曾在教育杂志上发表《旅行是最好的教育》。他一生践行此道，节假日经常携亲友出游，尤其注重与科学技术相关的建设事业和历史文化遗迹。此外，他每到一地，都重视搜寻和阅读当地之《地方志》，并以实地见闻与书中记载相印证，将历史知识引入科教实践。

在他登乌龙山的第二天，在全校师生参加的周一纪念周上，由张其昀报告《严州之历史、地理》。

在建德的两个月中，竺可桢阅读了《严州府志》，知建德之名始于三国孙吴，而严州则始于唐朝。

---

① 原题无时间，“农场”系“林场”之误。

371130日记

上午阅《严州府志》人物篇，严州六县即：建德、淳安、遂安、寿昌、分水、桐庐，因宋名睦州，故称六睦。以人才论，淳安称首，遂安次之，而建德尚屈居第三也。淳安方姓、遂安毛姓皆大族，人才辈出。建德城内有牌坊甚多，系明代建，大抵完好。

如严州中学与府衙间之俞稷、俞夔兄弟牌坊，系嘉靖时人。夔曾为布政使，宸濠之乱多保障功，历官江西、湖南诸省。尝建塔于卯巽二峰，称南北二高峰以培文运。其弟稷，曾为河南道御史，著有《西台奏疏》。又府前街有牌坊以表彰毛一瓒，遂安人，万历壬辰进士。又毛一公，遂安人，万历己丑进士，授汉阳推官，升南光禄寺少卿。至清代则有毛际可，亦遂安人，顺治戊戌进士，为《严州府志》总编通籍，著有《春秋五传考异》《松皋文集》《黔游日记》等。

◎建德街上之牌坊（一），竺可桢摄于1937年秋。

◎建德街上之牌坊（二），竺可桢摄于1937年12月。

◎吉安远景，竺可桢约摄于1937年12月11日。

◎吉安渡头，竺可桢约摄于1937年12月11日。

建德离杭州较近，不可久留。教育部之前有令浙大可于必要时迁往江西。竺可桢于12月9日赴江西考察，先至南昌与省府人士接洽，于11日抵吉安，13日抵泰和。

371211日记

2点偕叔絅[①]、胡、滕及周夫妇出发，7点前十分即抵吉安，路颇平直，唯至吉水渡以后二十五公里路曲。先至吉祥旅馆，因有俄国飞机师四十人，人满，乃在此膳。9点至督察专员公署，晤刘专员振群（号秾鹤，万安人）及吉安知县胡运鸿（号南屏）。

---

① 萧纯锦（叔絅），时任江西省政府委员，江西省农业院院长。系竺可桢在东南大学时期同事，对竺可桢率浙大迁校江西多有助力。

◎吉安青原书院前文天祥书写“青原山”手迹，竺可桢摄于 1937 年 12 月 12 日。[①]
左 1 滕熙，左 2 周承佑，右胡刚复
周承佑，浙大工学院机械系主任；
滕熙，浙大总务处职员；
胡刚复，浙大文理学院院长。

371212 日记

9∶30，余与周、胡、滕四人徒步行往青原山。先至青原寺，中有文天祥书“青原山”三字，余为拍一照。在大殿前由住持高光和尚招待，视察寺屋一周。屋尚称完好，唯厢房须修理。大殿后树木颇佳，数百年古松多株。后有七祖塔，上有王阳明书“梅溪正宗”四字。在边屋有宋宣和间武阳李纲诗，系梁溪伯纪书。在此进面食后，遂至阳明书院，即在左邻，正在修理，其中可住学生 180 人之数，而青原寺则可作教室，颇适于一年级之用。阳明书院建于道光年间，民 19~23 年曾为红军学校。

---

① 原题同游者“邓熙”系“滕熙”之音误。

◎胡刚复等合影于泰和大原书院，竺可桢摄于1937年12月13日。左起：周承佑、滕熙、萧开元、胡刚复、鲁绳月（县长）

371213日记

南京失守

7:30偕刚复、承佑、滕和卿四人乘四号车由大同旅馆出发赴泰和，途经吉安之飞机场，见有四发动机新自俄国来者，在场上露置，一无保护，颇怪当局之不注意。8:20抵泰和，由和平门即北门进城至县署，晤县长鲁绳月。余等约其同赴上田看萧家屋，只离城六里许。称萧百万，以盐业起家，名萧炳南。孙名蔺春，曾登两榜，并喜搜罗书籍，造图书馆。蔺春之子居沪，据保长萧开元云：系在大夏读书。

余等偕鲁县长及保长至萧屋环视一周，屋之结构甚佳。11点至附近村落一观，计有五村落均属萧氏，其中以萧百万屋为最大，亦最空，计九幢连祠堂在内，离马路及赣（江）均里许而已。交通方便，出产丰富，兼有屋宇，故颇适宜于大学暂避也。

次至两里外之大原书院，亦系萧百万家所建而被毁于兵者，但屋宇均尚完好，唯楼板、窗户无存而已。据县长云，伤兵委员会派泰和县住六百伤兵，拟以此为伤兵院，但为浙大计，则相距咫尺，极不相宜，故非兼有之不可。

由此回至泰和县已12:30，适遇警报，在电话中询得日机方轰炸吉安飞机场。至2点解除警报，乃别鲁县长回吉安。途经飞机场，见二机已毁，尚有余烬而已，盖此二机不及上升也。

12 月 17 日，竺可桢在建德召集浙大特种教育委员会常委会，议决全校提早迁移。在周密的组织安排下，浙大师生员工与家眷分批从建德乘民船至兰溪，于 26 日全部撤离。

25 日，张侠魂携子女登船撤离，竺可桢于 26 日下午 5 时最后离开建德，29 日抵玉山。

371225 日记

8 点房东孙太太来，不肯受房金，余等先后共住四十天，予房金四十元，坚请始受，并备早餐，可感也。九点偕侠、梅等由府前街三号出发。至小南门，昭复、晓峰太太、童女士及丁炜文均已在船，希文等亦早到。船颇大，共只十八人，临时又加入三年级学生二人。

下午 4 点又有三、四年级学生与教职员出发；明晨第三批学生一年级共约一百五十人，以夏济宇、储润科领队，于 10 点左右可以出发；故至明日全校员生可以全部开拔矣。

◎张侠魂等家眷登上开往兰溪的民船，竺可桢摄于 1937 年 12 月 25 日。

在竺藏 1937 年照片中，有任鸿隽在庐山为家人所拍摄者。

任鸿隽（叔永），中国现代科学事业的主要奠基者之一。1937 年 6 月辞去四川大学校长职务，回北平在中华教育文化基金董事会任职。7 月参加庐山谈话会。自 8 月起在庐山别墅“古青书屋”撰写回忆录。全家因战事在庐山困居半年之久，于 1938 年 2 月离庐山，19 日抵香港。竺可桢赴香港参加中研院院务会议期间，据 380304 日记他曾与任家相聚，记有“在台上见叔永名片，询仆人，知住楼上 49 号，至则衡哲与以都等三人均在”。照片应于此时面赠，或于此前通信时寄赠。

任氏于 1938 年 9 月出任中央研究院化学所所长，11 月被聘为中研院总干事。

◎陈衡哲与子女在庐山植物园门口，任鸿隽摄于 1937 年 12 月。
左为陈衡哲，右三人按高低依次为任以都、任以书、任以安
陈衡哲（莎菲），任鸿隽夫人，民国时期著名女学者，作家。中国第一位女教授，著有《西洋史》等。

在竺藏1937年照片中，有两张是浙大文理学院的，但未署月份，原不知摄于何月何日。

370325日记中记有“晨6点起，则大雪已止，而寒气未消，屋上积雪寸许。余至文理学院拍照两帧始早餐。”可据此确定拍摄时间，附此备查。

浙大文理学院初设于1928年。1937年胡刚复为院长，梅光迪为副院长。至1939年分立为文学院和理学院，胡刚复、梅光迪分任两院院长。

◎附图　杭州浙江大学文理学院，竺可桢摄于1937年3月25日。

1938年

竺可桢本年主要居住地

吉安（1月至3月）

泰和（3月至9月）

宜山（10月至12月）

浙大师生有组织地分批入赣，水陆分进，一周之内会合于玉山。再乘火车至樟树，继转乘汽车至吉安。

◎竺梅等在江西玉山大东旅社楼前，竺可桢摄于1938年1月上旬。①
前排左起：许懋勋、胡璞、张哲民；后排左起：胡珊、竺梅

据370108至380102日记，张侠魂于1938年元旦晚7点携子女到达玉山大东旅社，于1月8日上午离开大东旅社。合影中人物皆为张侠魂随行人员。

竺梅，竺可桢之长女；胡璞、胡珊，胡刚复之女儿；许懋勋、张哲民是浙大男生，在随行中实负保卫、照顾之责。

玉山为浙赣铁路总局所在地，竺可桢于1937年12月29日到此并滞留多日，指挥安顿浙大师生员工，多方联系解决运力困难，直至该月8日始离玉山。

380101日记

玉　山

中膳后偕刚复至路局，回，知常玉公司车在常山被四川兵所扣，是车适载侠等来。余等至西门站打电话与常山，知车已放。7点侠等来，住大东。渠等一行二十人由建德赴兰，每人摊派260。而自兰至常每人只派300。因来常之船系常山船，故付价只卅元而已。同来者计昭复（胡刚复之妻华昭复）及小孩、炜文、童女士及三学生张乃珍、张哲民与许懋勋。此二生系在兰溪搭船来者。

① 原题“民廿六年冬”。

竺可桢平时读书时经常摘录与科技史有关的文献，并在实际生活中留意与文献相关实物的对照考察。在玉山 10 天紧张操劳之余，仍注意观察当地的民生民情，拍摄了反映中国传统农业生产有关的水车、水磨和梯田。

◎江西玉山[①]之水车，竺可桢摄于 1938 年 1 月。

◎江西玉山之水磨与水车，竺可桢摄于 1938 年 1 月。

◎江西之梯田，竺可桢摄于 1938 年 1 月。

◎竺津从军前留影，摄于 1938 年 1 月。

1 月 11 日，竺可桢到达吉安。不到 18 周岁的长子竺津执意要投考军校，报效国家，于 1 月 17 日乘船赴南昌入学。

380115 日记

吉　安

希文坚欲赴中央军校。余以其眼近视，于前线带领兵士不相宜，且年过幼，而该班乙级只六个月毕业，于学识方面所得无几，故不赞同其前往。……余亦不能不任希文去，但不禁泪满眶矣。

① 原题“玉水”系“玉山”之笔误。

◎在长沙云麓宫上俯瞰清华大学新校舍，摄于1938年2月。

浙大在吉安利用当地学校寒假之机，借吉安中学和乡村师范的校舍上课两周，举行考试，结束本学期学业。竺可桢于1月25日离开吉安，赴汉口向教育部汇报工作。张侠魂偕行至长沙探视母亲期间，可能曾登临岳麓山峰顶的道教建筑云麓宫[①]，俯望山下时摄下两张照片，照片背面有张侠魂手迹的题字。

在抗战全面爆发之前，华北形势紧张之时，清华大学已决定拨巨款在长沙岳麓山下修建校舍，1938年2月尚未完工，张侠魂在峰顶所见清华校舍即应指此处。另由清华与北大、南开组建长沙临时大学，借用地址则在韭菜园圣经学院。

380202 日记

长　沙

中膳后已四点。偕刚复至韭菜园临时大学晤吴政之（吴有训）、吴雨僧（吴宓）及汤锡予（汤用彤）。锡予之发几全白。未几，陈弼佑来。据弼佑云，去吉安最近莫如取道攸县，则当日可到。政之与陈诚颇有接洽，据云陈不赞成大学生往前方，故亦劝临时大学至昆明。

① 原题为“岳麓宫”。

丁文江（在君），地质学家，中国现代科学事业奠基人。系竺可桢之挚友，生前任中央研究院总干事。1936年年初，丁文江在受托为建设抗战后方基地进行勘察工作途中逝世于长沙。遵其遗嘱[①]，安葬于长沙。朱经农受遗嘱执行人委托，于1936年3月提出选择岳麓山上的左家垅为葬地。丁文江当初到湖南考察，其目的之一即为清华大学选择新校址。朱经农认为，应该把他安葬在属于清华大学长沙新校址之内的左家垅，“清华校内有一科学先驱之坟，可以引起青年人之景仰，而增加其科学研究之兴趣”。[②]

◎在长沙云麓宫上俯瞰左家垅丁文江墓（图中箭头所指白点），摄于1938年2月。

① 丁文江于1935年在北平时立有遗嘱：“于余身故时即以所故地之地方区域以内为余葬地”。

② 宋广波：《丁文江图传》，湖北人民出版社，2007年，第216页。

浙大经过在吉安的两个月准备之后，全校迁往泰和上田村，借用大原书院、华阳书院、老村、新村四处为校舍。以大原书院为第一院，有校总办公处及一年级教室和宿舍；以新村趣园为第二院，设有图书馆、礼堂、教职员宿舍及二、三、四年级教室和学生宿舍；老村为教职员眷属主要住处（竺可桢寓所亦在老村），另设有试验室和储藏室；华阳书院设农学院试验室和农场。

据380321日记“晚5点至大原书院及罗村照数照相①，因田萝菔及油菜花均已开足，不久将凋谢也。”

① “罗村”系“老村”之音误。竺可桢在行文中常以“照相”为“照片”。

◎泰和上田村大原书院全景，时油菜花与萝卜花盛开，竺可桢摄于 1938 年 3 月 21 日。

中央研究院各研究所内迁之后，蔡元培院长因病困居香港。2月28日在香港召开院务会议，竺可桢于25日从泰和出发赴会，2月27日至3月6日居留香港。途中往返经广东惠州时入住西湖大酒店。

据380306日记，竺可桢返回途中在惠州入住西湖大酒店，早晨“餐后拍西湖照数帧”。

◎广东惠州西湖大酒店，竺可桢摄于1938年3月6日。

此次赴香港，梅光迪与竺可桢同行，图中立于门前者应系梅氏。

◎惠州西湖百花洲，竺可桢摄于1938年3月6日。

◎惠州西湖旁之朝云墓，竺可桢摄于1938年3月6日。

380227 日记

晨7:30起。洗浴后8:30至中山公园附近天元早餐。餐后，往电报局寄一电与蔡先生。此局在惠州城墙上，昔为合江楼，东坡曾居此，尚有道光、咸同时所留对联。中膳后，偕迪生雇一小舟游西湖。惠州西湖亦有苏堤，盖坡公贬惠时所创。远山小岛仿佛武林。先至红棉馆，上有章太炎及张季泽二先生手笔。木棉，岛上随处皆有。次至百花洲，明代原名落霞亭。浮舟至留丹亭，顺至西岸六如亭，旁有朝云墓，嘉庆时重建。旁有文忠公朝云墓志铭，知朝云王姓，钱塘人。事先生二十有三年，卒于绍圣三年七月，年卅四，葬于丰湖栖禅山寺之东云云。

◎马一浮与文理学院部分教授在泰和浙大图书馆前合影，约摄于 1938 年 4 月 5 日。

左起：沈思玙、米协尔、郭洽周、梅光迪、马一浮、章德勇、张其昀、贺昌群、祝文白、王焕镳、陈训慈

沈思玙（鲁珍），史地系副教授；

米协尔（Michael），外文系德文教员；

郭洽周（斌和），中文系主任；

梅光迪（迪生），文理学院副院长；

马一浮，特聘“国学讲座”；

章德勇（诚忘），校长室秘书；

张其昀（晓峰），史地系主任；

贺昌群，史地系历史教授；

祝文白（廉先），中文系副教授；

王焕镳（驾吾），中文系讲师；

陈训慈（叔谅），图书馆馆长，陈布雷之弟。

竺可桢于 1938 年 2 月 20 日致电约聘马一浮为浙大“国学讲座”。马一浮于 3 月 29 日至泰和，4 月 3 日有宴聚。依马一浮之要求，讲课时间初定于每月 5 日、15 日和 25 日[①]（因学校按星期排课，具体时间可能逢假日有调整），按此，拍摄时间似应在 4 月 5 日。上课地点在新村趣园教室，邻近图书馆。左图应是首课前或后与众人在图书馆前的合影。

◎左 / 马一浮在泰和趣园浙大图书馆（遐观楼）前，约摄于 1938 年 4 月 5 日。

◎右 / 浙大图书馆所在泰和新村趣园之一角，约摄于 1938 年 4 月 5 日。
图书馆（遐观楼）被大树遮蔽

① 陈锐：《马一浮与现代中国》，中国社会科学出版社，2007 年，第 182 页。

◎张侠魂与李季琼等在岳麓山爱晚亭，竺可桢摄于 1938 年 4 月 12 日。[①]
后排右为张侠魂，左为李季琼
李季琼（敬婉），女诗人，李鸿章之侄孙女，冶金学家赵恩廓（梁材）之妻。

竺可桢于 4 月 7 日离泰和，经南昌、长沙、汉口，与教育部交涉浙大事务。之后经宜昌于 16 日抵重庆，处理气象研究所工作。

此次离开泰和时，张侠魂偕行至长沙。据日记，竺可桢在长沙停留期间，曾陪同张侠魂与其友人出游岳麓山。

① 原题“廿七年二月”。

380412 日记

长　沙

8∶45偕侠至东车站。9点出发，至灵官渡摆渡，经水陆洲复摆两渡至湖南大学。见图书馆第二层已全毁，第一层尚剩四壁矗立。晤湖南大学校长皮皓白（宗石），并遇教务长任凯南、理学院院长杨卓新与李寿雍、曾昭权。未几，赵恩廊夫妇及李毓尧亦来。据皮云，前日敌机在岳麓投炸弹达百余枚，死学生二人、游客及乡工六十余，伤者百余。图书馆与第五宿舍全毁，第二宿舍与科学馆毁一部，图书存校者全烧。仪器，化学损失一半，物理三分之一。

中膳后，偕侠、李敬婉、李毓尧、赵梁材、李寿雍等至爱晚亭，此名系袁子才所题，石刻张南轩、钱南园二公诗。经青枫峡至蔡松坡墓，全山乔木多枫树。至白鹤泉饮茶，未几雨，16点别皮君回。18点上车往汉口。

◎张侠魂与李季琼等在岳麓山蔡谔墓前，竺可桢摄于1938年4月12日。
左起：赵恩廊、李毓尧、张侠魂、李季琼

从长沙到武汉，在汉口乘中航公司水上飞机，经宜昌，4月16日飞抵重庆。据380416日记：“晨六点起。早点后七点偕孟真（傅斯年）等出发，1:10至重庆，上岸即有蕴明、长望、肖堂等来接。”

◎涂长望等在重庆珊瑚坝机场迎接竺可桢，摄于1938年4月16日。[①]

左起：胡焕庸、竺可桢、吕炯、程纯枢、涂长望

胡焕庸（肖堂），中央大学地理系主任；

吕炯（蕴明），气象研究所代所长；

程纯枢（忆凡），气象研究所测候员；

涂长望，气象研究所专任研究员。

---

① 原题“民国廿七年春”。

中央研究院气象研究所内迁，由南京至武汉，再转重庆。先在通济门外兴隆街，后与中研院总办事处合租颖庐。[1]

4月16日至4月27日，竺可桢在重庆处理气象研究所工作，住在颖庐。

380416 日记

重　庆

由珊瑚坝机场乘轿至公路车站，再雇车至曾家岩气象研究所。曾家岩在重庆之西北，离城五六里之谱。

在所中膳后与蕴明谈所中待办各点，始知气象研究所此次损失之重，凡贵重仪器如地震仪、Sliding barograph（滑动气压计）、Calibrating apparatus（标定装置），甚至小件如Dust counter（尘粒计数器）均未取出，可叹之至。以价值来（计），取出者不过十之一二而已。图书方面则西文书全拿出，唯中文书及各国报告未拿出，亦可惜耳。

晚睡颖庐楼上。

◎中央研究院与气象研究所在重庆的办公处颖庐全貌，竺可桢摄于1938年4月。

◎中央研究院与气象研究所在重庆的办公处颖庐门前，竺可桢摄于1938年4月。
颖庐大门两侧分别挂牌“国立中央研究院曾办事处”和“国立中央研究院气象研究所”

据当年曾在颖庐居住过的气象研究所测候员陈学溶回忆：颖庐房东陈姓，是竺可桢在哈佛大学的校友。房东家住楼下，二层右侧为中研院总办事处用房，后面是研究所办公用房，左侧是气象所集体宿舍。

① 原题颖庐地点在曾家岩，实际上当年颖庐在重庆中四路139号，不在曾家岩地域范围内。

上海“八一三”事变后，南京中央大学的图书馆、礼堂和实验中学等连续遭到日机轰炸。在四川省当局和重庆大学的支持下，中央大学利用重庆大学在沙坪坝松林坡的占地建起了教室和宿舍。

拍摄者涂长望，时任气象研究所专任研究员（1949 年后任中央气象局局长）。

◎重庆沙坪坝中央大学，涂长望摄于 1938 年春。

◎竺可桢等在重庆沙坪坝中央大学校门外合影，摄于 1938 年 4 月 20 日。

左起：朱炳海、缪凤林、张宝堃、竺可桢、黄逄昌、吕炯（蕴明）、丁骕、胡焕庸

朱炳海（晓寰），中央大学地理系气象学讲师；

缪凤林（赞虞），中央大学师范学院史地系主任；

张宝堃，中研院气象研究所测候员；

黄逄昌（仲辰），中研院气象研究所专任研究员；

吕炯（蕴明），气象研究所代所长；

丁骕（龙骧），中央大学地理系地质学教授；

胡焕庸（肖堂），中央大学地理系主任。

竺可桢于 1920 年秋被聘为南京高等师范学校教授，1921 年创建东南大学地学系，任系主任。中央大学后来的地理系和气象系皆以竺可桢为奠基人。

380420 日记

星期三　重　庆

10 点别重庆大学校长胡春藻。至中央大学，偕胡焕庸参观学校一周。各室均新造，共五十余单位，费十七、八万，迁移费十三万。桌子每顶一元至三元，床五元，椅八角，凳子一角。实验化学、物理已开始。屋价每方八十元，系以三尺砖墙上加竹片，高可一丈五至二丈，无天花板。此类屋只能作临时用。

4月27日，从重庆飞至汉口
4月29日，从汉口乘火车至长沙
5月1日偕张侠魂乘车离长沙，次日返抵泰和

泰和快阁，始建于唐乾符元年（874年），初为奉祀观音之所，名“慈氏阁”。宋初沈遵任泰和县令时，更名“快阁”。元丰年间，黄庭坚任县宰时作“快阁诗”，名闻天下。

◎泰和快阁，竺可桢约摄于1938年5月19日。[①]

① 原题“广西宜山快阁 廿七年四月拍”，时间地点皆误。

快阁曾多次毁于兵火，竺藏照片所见泰和快阁应是1855年（咸丰五年）重建者。

竺可桢在1938年9月之前未到过宜山，称“廿七年四月拍”（1938年4月），时间不合。

有关宜山景物的文献没有关于“快阁”的介绍，地点不合。

据380314和380404日记，知竺可桢在先后阅读《泰和县志》和《江西省通志》时见书中有关于“快阁”之记载。

据380519日记，记有“至快阁望眺”。知竺可桢访泰和中学时，“出至快阁，上有黄鲁直（黄庭坚）书‘民脂民膏’字。楼年久失修，急待整理。泰和中学乃黄山谷祠也。”

竺可桢当年所登临的快阁于1973年毁于一次强龙卷风，1989年重新修建，现为泰和县文物保护单位。

◎附图 1989年重建之泰和快阁

浙大在泰和的八个月中，多方为当地民众谋福利。以下仅列有照片为证者。

◎浙大学生自治会主办泰和上田村儿童健康比赛，竺可桢摄于1938年5月22日。[①]

380522日记

上午9:30，偕侠赴东头村民众俱乐部视察学生自治会所举办之儿童健康比赛。由学生王德明及纪纫容等在彼主持，职员中如朱诚中、吴志尧、夏绮文均在场协助。计报名者共76人，到66人。测量结果，痧眼占2／3，齿蛀亦极普通，而村中人患癞头及大腹病者亦多。此次小孩比赛中，余觉上田村儿童骨骼极小，而头之尖小尤可惊异。

午后侠又往会中，余则先至大学码头，见江水虽稍涨但离岸尚一丈六、七尺。次沿堤行，偕胡鸣时同往。在梁家村附近因有水，致无法进行。近日又不断下雨，故难堵塞。回。据侠报告，则健康比赛，晓沧之子郑澹明得第一，张逸樵之子得第二，梁庆椿之子得第三，柏青四子奕明素以健康著者，乃在二十名之外云。此次评判员为朱润瑜、吴志尧及夏绮文，均教育系毕业生也。

① 原题“民廿七年六月”。

在泰和期间，为治理危害地方的赣江水患，浙大自 3 月起与地方合作修建防洪大堤，为此成立了堤工委员会。至 6 月 20 日左右告成。当地民众至今称之为“浙大防洪堤”。

上田村，有新村与老村。竺可桢寓所在老村，此照片为站在防洪堤上望老村时所摄。

380313 日记

星期日　泰　和

中午唐鸿图来，谈及水利问题，谓上流洲尾村之石坝以及泰和城东之狗头山，共约十五里，若筑堤三尺高，则可防如去年之大水。预计须土方一万方左右。一星期以内即开始测量，预期于两星期内将第一步测量完毕。此外，尚有山洪问题。上田村北之玉华、武山，至夏季时有山洪暴发，其中宣泄全赖渠道。主要渠道由玉华山迂回而东，绕过县城东北，折曲而南，终汇于赣江。但渠道迂回宣泄不利，但上田以西梁家村附近山麓巨塘积水，与洲尾村附近老河口石坝相连，如辟人工水道使与渠道相贯通，而与老河口筑闸节制，则不妨及灌溉矣。

◎从泰和赣江“浙大防洪堤”眺望竺可桢住地——上田老村，竺可桢摄于 1938 年 6 月。

◎浙大在泰和期间举办的千秋乡消费公用合作社，摄于1938年6月。

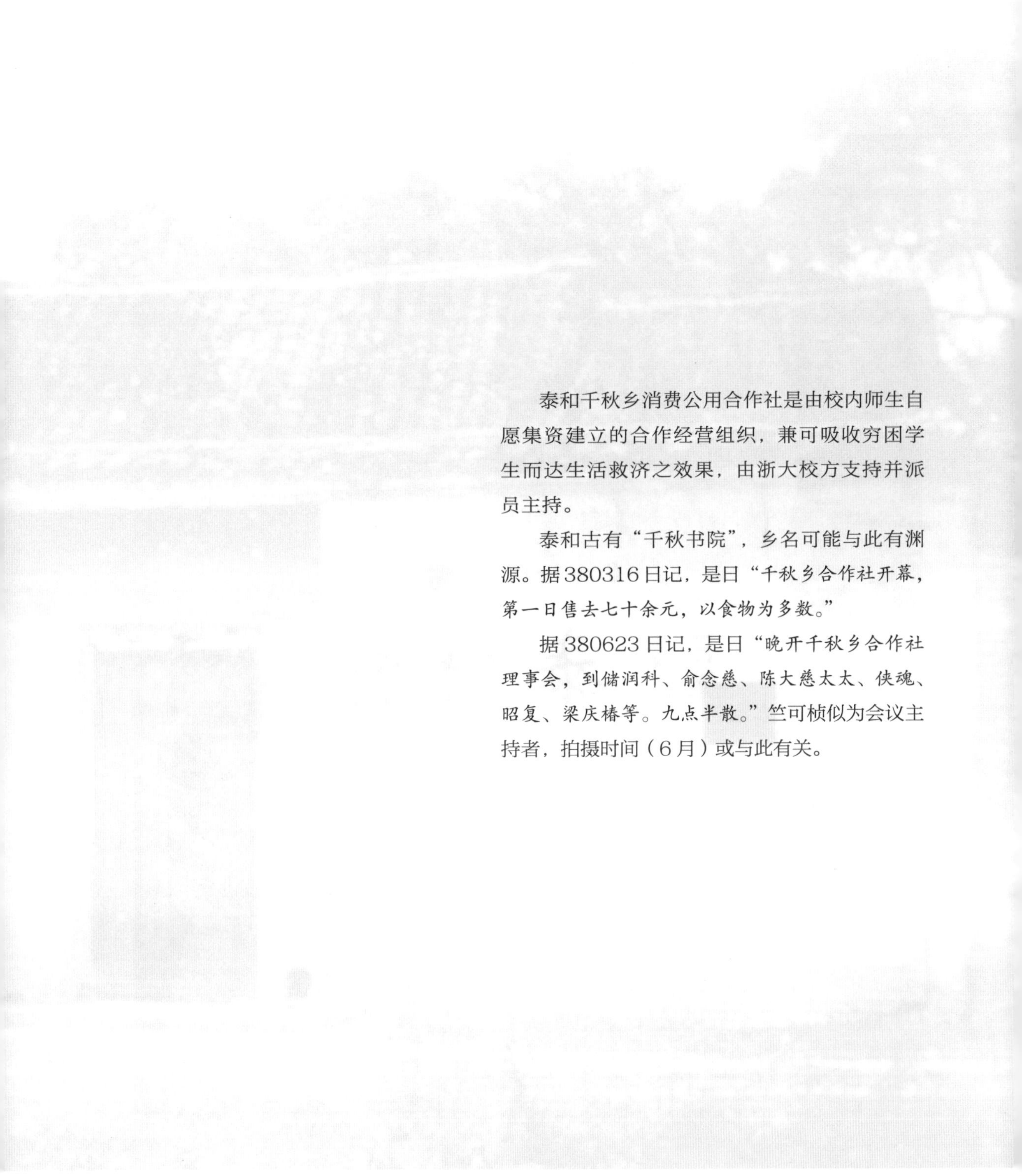

泰和千秋乡消费公用合作社是由校内师生自愿集资建立的合作经营组织，兼可吸收穷困学生而达生活救济之效果，由浙大校方支持并派员主持。

泰和古有“千秋书院”，乡名可能与此有渊源。据380316日记，是日“千秋乡合作社开幕，第一日售去七十余元，以食物为多数。”

据380623日记，是日“晚开千秋乡合作社理事会，到储润科、俞念慈、陈大慈太太、侠魂、昭复、梁庆椿等。九点半散。”竺可桢似为会议主持者，拍摄时间（6月）或与此有关。

张侠魂去世

◎张侠魂遗像

此照片贴于竺可桢 380803 日记中。

在江西要塞马当失守之后，泰和吃紧，竺可桢于 6 月 30 日赴广西勘察浙大西迁地址。7 月 23 日在衡阳途中接浙大校长室秘书电报，催“速回”。7 月 25 日赶回泰和，始知次子竺衡因痢疾已于 7 月 21 日去世。张侠魂已因患痢卧床不起，曾请赣州（同济）、南昌等多处名医来诊，医治无效，终于 8 月 3 日上午 11 点 24 分去世。

张侠魂，湖南湘乡人。生于 1897 年。清末肄业于秣陵养正学堂，后入上海神州女校习文学与美术，四年毕业，成绩优秀。后在小学部任教，兼助理校务。1920 年初竺可桢与张侠魂结婚于上海，育子女津、梅、衡、安、宁等。

侠魂轶事

1916 年 7 月在北京探亲期间，侠魂随时任陆军次长的姐丈蒋作宾赴南苑机场观看航空演习时，为提倡“冒险精神”，坚请登机飞行。绕场三周，观者掌声雷动，是为中国女子飞行第一人。后出现事故，侠魂因机坠而伤足。黎元洪总统曾因此颁以奖章，美国女飞行家斯特森访北京时曾约见合影。事迹见于当时报纸。

◎附图 《妇女时报》第 20 号（1916 年 11 月）刊登“中国之女飞行家张侠魂女士”照片

◎浙大师生在泰和祭奠张侠魂之灵堂，摄于1938年8月10日。

据380810日记，浙江大学在礼堂（萧氏宗祠）公祭张侠魂。

在其去世前不到一个月的1938年7月7日，时竺可桢在汉口，张侠魂以校长夫人身份为浙大举行的抗战周年纪念大会撰文，激励青年学子。文中述及抗战有句如下①：

现考致败之原因，实器械不良且多恃外人接济，此皆科学过于落后。如无大炮筒，不能自造飞机，不能消灭毒气，种种科学工作不如人，故我将士虽多拼死决战，往往对敌人飞机、大炮筒、机械化部队无法消灭，累次失败都是如此。我们唯有抱定天下兴亡，匹夫匹妇有责之义，各竭尽智能，谋破敌之法。想诸君皆优秀分子、有为青年，将来复兴事业皆在诸君肩上，诸君共勉之！

380810日记

星期三　泰　和

八点鲁珍来，偕至上田新村视察礼堂之布置。翼谋、一浮及教职员挽联颇不少，校工方面亦制有纸扎之轿及花圈多种。回寓，至九点重往礼堂。学生、教职员到者约三百人，由郑晓沧主祭，晓沧并制有五言长歌一首，为诔词。奏哀乐，行三鞠躬礼，献花。王驾吾读祭文，仅晓沧致词，余概略去，因余不愿多所铺陈。堂中悬侠半身像，及七月七日讲稿照片。

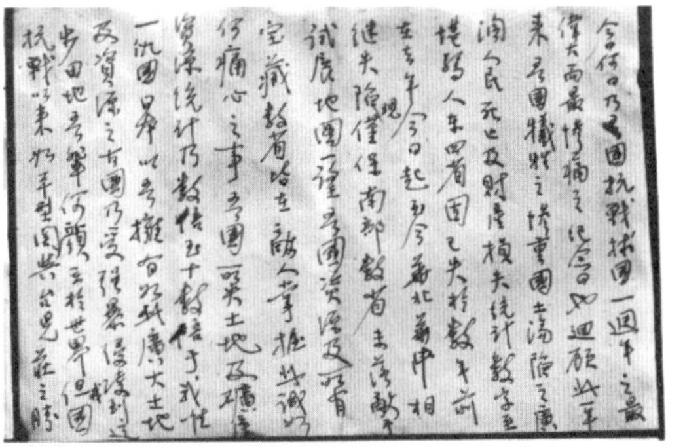

◎附图　张侠魂纪念七七抗战周年讲稿手迹

① 收入《竺夫人纪念册》中之张侠魂讲演词手稿，未刊本。

◎泰和上田村赣江浙大码头，摄于 1938 年 8 月。

◎竺可桢与儿子竺安（彬彬）在赣江游泳，摄于 1938 年夏。

◎竺梅（中）与竺安（左）在泰和浙大农学院门前，竺可桢约摄于 1938 年 8 月 15 日。[①]

按竺安着装，应在夏季。据 380815 日记，竺可桢偕竺梅等“至华阳书院”，由人“领往至松山之坟地”。

泰和时期的浙大农学院在华阳书院旧址。

380217 日记

关于华阳书院

四点半偕鲁珍、晓沧、刚复等赴峡陂，过华阳书院。其地乃系在玉山足下，故夏季江水不能淹。书院为胡、罗诸姓所建，昔年曾有学校，后废，但屋尚完好，可以作宿舍或办公室也。次至峡陂胡宅，见其家谱，知胡氏来吉始于南唐，其九世祖南宋胡铨（忠简公）以忤秦桧得名于时。主人名开元，乃卅八世云。次至屋后看地，有梯田，现皆荒废矣。五点半回，自华阳书院至新村凡二十余分钟。

---

① 原题“民廿七年”。

据380915日记，是日张侠魂与竺衡下葬于“玉华山之阳，地名松山，在华阳书院东北二里许”（于张去世后之“六七”下葬）。

自8月中旬起，浙大人员开始有计划分批撤离。9月17日下午，竺可桢携子女到张侠魂墓前告别，次日离开泰和。

◎竺可桢与竺安在张侠魂墓前，摄于1938年9月17日。[①]

◎ 竺梅与竺安在张侠魂墓前，摄于1938年9月17日。

① 原题“民廿七年八月”。

380917日记

星期六　泰　和

晨侵晓即人声嘈杂，盖晓沧、陈大慈及刚复小孩等均于今晨动身也。昭复与琦则与余乘四号车往。午后收拾行囊。至15:30，偕梅与彬至松山侠坟上。时正值堆土，有校工十余人，由士樵指挥。余拍数照，不知何时重来祭奠。去年十二月同来，今则不能偕行，岂不悲哉！

◎浙大撤离泰和之前的上田村大原书院，摄于1938年9月。

◎桂林环湖酒店，摄于1938年9月下旬。

竺可桢等乘车经衡阳、桂林，于25日抵广西宜山。当时桂林是广西省会，为与省政府各机关联络交涉浙大办校事宜，在此停留多日，以后也多次奔波于宜山与桂林之间。

380921日记

桂　林

上午8点黄秉维偕叶左之来，遂偕出至乐群社左近之蜀社，即四川会馆。现为科学实验馆筹备处，内分生物、冶金、物理、化学、矿物等五部，而地质研究所即在其内。晤仲揆，遇张更、时昭涵等。据仲揆云，骝先决辞职，傅孟真知为各所所长所不喜，遂荐三人于蔡先生，即吴政之（有训）、丁巽甫及任叔永。余谓三人均佳，但吴、丁二人素与政府无往来，将来取款不免困难耳。

15点偕刚复至省政府晤黄旭初，适在开会，遇马君武及邱昌渭。据马谓，灵川地方极好，余有时间当往一察勘。出至文昌门内副爷巷中华职业学校晤杨卫玉，余等托其觅工人至宜山造校舍。

据380921日记，竺可桢接受广西省政府高等顾问马君武的介绍，赴灵川考察。

◎ 从桂林赴灵川途中景物，竺可桢摄于1938年9月22日。

380922日记

灵　川

晨六点起。上午9点约刚复、亦秋乘四号车赴灵川。下午4点至江头洲后即遇束星北。江头洲外观颇丰富，而文风极盛。周家自道光至光绪，凡四翰林，周觉予之伯父亦系翰林云。周氏祠堂颇大，颇足与江西之祠堂相伯仲也。在周觉予处略停后，即至田尾洲看徐家祠堂及观里村之新屋。此一带虽不及泰和之佳，但房屋整齐，民情朴厚。

◎胡刚复等在广西灵川乘船过龙岩洞，竺可桢摄于 1938 年 9 月 23 日。
左 2 胡刚复，左 3 束星北，右 1 周觉予，右 2 卢守耕
束星北，浙大物理系教授；卢守耕（亦秋），浙大农学院院长；
周觉予，灵川祠竹乡江头洲大户；其他 3 人为船工及家属。

380923 日记

7:45 偕刚复、亦秋，由周炳干（觉予）之领导赴祠堂坪，即祠竹乡，祠竹有一中心小学（乃楼公祠所改建）可以借用，能容百人。10 点偕周觉予、束星北、刚复、亦秋至九屋，乘船下水。此处有滩甚多，夏春可通载万斤之船。过一石灰岩洞，形如天然之桥，俗名龙岩。岩下有唐卫国祠，在此摄数照。

◎入灵川龙岩洞之前

◎出洞之前望洞口

◎出洞之后回望洞口

◎从中央研究院驻桂办事处望阳朔鸳鸯河，竺可桢摄于1938年9月25日。

1938年2月28日在香港召开的院务会议上，决定地质、心理、社会科学、动植物四研究所迁至桂林，遂有中研院驻桂办事处成立于阳朔。竺可桢于9月24日晚到阳朔，25日从阳朔赴宜山。

380925日记

上午7点偕卢析薪、王仲济至宿舍，孟和亦来。早餐后遂至阳寿公园及阳朔公园，并至中山纪念堂即研究院之（驻桂）办事处也。近院中新建平房三间，计费一千二百元之谱。9点出发，闻柳州有警报。15:30由柳出发，刚复、左之同行。18:15到宜山，住乐群社一号。

◎阳朔渡头，竺可桢摄于 1938 年 9 月 25 日。

9月28日至10月3日，竺可桢在桂林与各方交涉浙大在宜山建筑等办校问题。

◎竺可桢在桂林高中物理实验室访丁绪宝，摄于1938年10月3日。[①]
胡刚复（左1）、丁绪宝（左2）、竺可桢（右1）
丁绪宝，原中央大学物理系主任，此时在桂林高中任教兼广西教育厅督学。
图中竺可桢手执物应是丁绪宝正在研制的物理实验用量尺。

381003日记

桂　林

上午8点杨钰森厂杨德胜及复兴土木公司黄学诗代表萧君来。复兴公司近在桂林为省府建科学实验馆，而杨钰森则曾在柳州沙塘为广西大学建筑，故可谓均有相当经验。二家均自湖南来，愿往宜山一观。10点偕刚复出至桂林高中晤丁绪宝，渠方在计划物理实验制一量尺，颇饶兴味。

12点出，偕丁、胡、华景行至东坡吃点心。据丁谓，桂林高中有学生1200人。晨4：30起，5点上课至7点，8点早餐，9点至12点在野外避日机。13点至17点上课，18点晚餐，一日仅二餐。最近始于12：30加一餐稀饭云。

① 原题“民廿八年夏”。

马相伯（1840.4.17～1939.11.4），复旦大学创始人。“九·一八”事变时，已届91岁高龄，先后发起组织江苏国难会、中国国难救济会和全国各界救国会等爱国救亡团体，曾撰写联语“耻莫大于亡国，战虽死亦犹生”以为鼓动，被公认为“救国领袖、爱国老人”。1937年上海沦陷后，马相伯被劝移居桂林风洞山。

后来马相伯拟转入滇、蜀，但在途中因病留居越南谅山。1939年4月6日全国各地和有关团体为他举行遥祝百龄典礼。国民政府对他颁发褒奖令，中共中央特致贺电称他为“国家之光，人类之瑞”。他把各方赠与的寿仪移作犒慰伤兵之用。11月4日溘然长逝。噩耗传出，举国哀悼。

◎竺可桢等在风洞山拜见马相伯，马玉章摄于1938年11月9日。
后排左起：马邱任我、竺可桢、谢文煇、丁绪宝
马邱任我，马相伯之儿媳。照片中误作“孙媳”，日记中误作“侄媳马邱已吾”；
马玉章，马相伯之孙女，推测为此照片的拍摄者；
谢文煇，马玉章之夫。照片中误作“谢文辉”。[①]

---

① 有关人名和人物关系辨识，参见薛玉琴、刘正伟著《百年家庭·马相伯》，河北教育出版社，第319页。

关于滇越铁路的系列照片

在竺可桢收藏的照片中，有22张照片装在一小纸袋中，散乱无序。大多在正面和背面都有题字，正面用毛笔，背面用钢笔或铅笔。多数照片上的题字中含有“滇越铁路”和“廿七年十二月”。

1938年12月，中央研究院拟在昆明召开中央研究院院务会议，当时广州、武汉已相继沦陷，竺可桢赴会只能乘滇越铁路。

滇越铁路原由法国殖民当局根据不平等条约修建，1910年4月1日全线通车，全长469千米。起于原法属殖民地越南的海防，经老街越过中越边界到中国境内的河口，进入云南，再自河口到昆明。从越南海防到老街，称“越段”，从中国云南省河口至昆明，称“滇段”（后改称昆河铁路）。

在历史上，这条铁路的开通极大地促进了云南现代文明的进程。抗战爆发后，东南沿海口岸为日军占据，滇越铁路成为西南大后方唯一连通海外的运输线，大量军事、医药等物资靠此一线运入中国后方。1938年西南联大三校师生，除参加湘黔滇旅行团的200多名男生和少数老师外，大部分师生都在三四月间绕行越南乘滇越铁路抵达昆明。前图马相伯老人原拟从桂林风洞山转云南或四川，在乘滇越铁路的越段时，就是因病滞留于谅山而在那里去世的。1940年6月，法国将滇越铁路关闭。后来虽然也曾有所利用，但这条窄轨铁路现今已成为历史遗迹。

检索网上消息，2013年8月17日《昆明日报》记者报道，前一日举行了“滇越铁路主题公园”项目合作协议的签字仪式，“浓缩百年沧桑风情、融合中法文化风情的滇越铁路主题公园有望在2015年底建成”，为此要对滇越铁路的历史、文化、民俗、风光和现状进行挖掘。滇越铁路主题公园位于滇池度假区海埂片区，投资9.8亿元，占地600亩。

竺可桢于1938年12月12日离宜山，经南宁、龙州，于15日持护照到河内。16日晚在河内上车，即为滇越铁路之“越段”，次日8点由老街过境到中国之河口，进入“滇段”。在中国境内，就地势而言，又分为三个部分：下段由河口经蒙自碧色寨至开远；中段由开远沿南盘江北上，经华宁盘溪至宜良；上段由宜良经呈贡抵昆明。

根据竺可桢日记，上述袋装22张照片应该是于12月17日和18日两天在乘坐滇越铁路沿途连续拍摄的。因其具有特殊的史料价值，故作为一个系列收入本书中。应该指出，竺可桢是车中乘客，大多应系在车厢内窗口处（或站台上）拍摄，视野和取景角度都受到相当限制。

照片用120胶卷拍摄。拍摄地点始于河口附近的大树塘，终于昆明的呈贡。照片正面和背面大多有题字，但两面字多不相同。按人们习惯，背面钢笔或铅笔字可能题写在先，正面毛笔字应在后。有些可根据题字确定地点，但有些只标明为滇越铁路而无具体地点。这里先把竺可桢乘滇越铁路行程中的两天日记分别列于图片之前，以助于识别原存混放照片的先后时序。

竺可桢在日记中对12月17、18日两天乘坐滇越铁路的情况有简略记述，并列有行程中经过的主要地点和时间表。本书编者比照日记文字和照片图文加以排序，并将照片原有正面与背面的标注文字一并附录，以便有关方面做进一步的考证核实。

本组照片分别列于两天日记之后，未逐一注明拍摄时间。

381217日记

星期六　河内—开远

8点由老街过河口，须签字。初入国境，见满山乔木、芭蕉，四处鸟声，但无人迹。河初颇广，向北渐狭。自河口至开远，火车均行南溪河谷中，宽不过二丈而已。自大树塘后即拍照片，湾塘附近有瀑布，未照。至波渡箐照隧道。自波渡箐至倮姑塘，车行山中，千回百折。初逆流，继又改为顺流，此一段最险。4:30抵芷村，为较大之站。至开远已天黑，车停。乘客人多，铁路旅馆和大东、天然各店均已住满，因事先未打电报订旅馆，只能与王家楫住一小客栈，名兴华旅店（店主姓黄），同住者多工人。遇同济大学张静吾。晚膳后九点半睡。

8:45 河口	10:06 老范寨	10:30 大树塘	11:45 蜡哈地
12:06 白寨	12:46 湾塘	13:40 波渡箐	14:00 桥
14:37 倮姑塘	15:22 戈姑	16:03 落水洞	16:30 芷村
17:20 黑龙潭	18:00 碧色	20:00 开远	

◎滇越铁路白寨大桥
原片正面无题字（下简称“正题”）；背面题字（下简称“背题”）[①]“滇越路上？”

考注

一、白寨大桥[②]是滇越铁路云南段上最大的铁路桥，位于屏边县境内。于1908年3月建成，外观显著特点是有八座高大的钢塔架桥墩。

二、据日记，自大树塘后即拍照片，意指“到大树塘之后开始拍照”。过大树塘之后，在曲折前进中，应可从车窗中望见前方远处白寨大桥的全貌。

三、在抗战初期，中国的抗战物资由越南海防经滇越铁路运进昆明，日运量为400～600吨。日军为了掐断中国的这条战略生命线，将白寨大桥作为重点轰炸目标。越南沦陷后，为防止日军沿铁路进犯中国大后方，1940年9月10日国民政府下令拆除白寨大桥。1957年铁道兵修复碧河段铁路时，建成第二代白寨大桥。

四、从这张照片可以窥见第一代大桥的历史原貌。

---

① 背题可能写于刚洗印照片时，正题写在整理图片时，可能会对背题有所纠正。因此，应是图面题字更为可靠。

② 见《好搜百科·白寨大桥》。

◎滇越铁路白寨大桥与其连接的隧道
正题　滇越铁道之桥工[①]；背题　南溪江上之桥

白寨大桥，桥面长136米，其中有84.3米处在半径100米的曲线上，按此，在较大弯道上行进时，竺可桢可在后部车厢拍摄到与隧道相接的前部桥梁。

◎滇越铁路火车前部驶进白寨大桥
正题　滇越铁路之桥工及涵洞 廿七年十二月拍；
背题　宜良附近之桥

◎滇越铁路白寨附近
正题　滇越路白寨附近，廿七年十二月；
背题　大树塘左近

① 在题字中凡有“桥工”两字者，似表示有很高技术水平的桥梁工程。

◎滇越铁路湾塘附近

正题　滇越铁路湾塘相近　廿七年二月；

背题　大树塘左近

◎滇越铁路湾塘附近

正题　滇越路上　廿七年十二月；

背题　滇越路湾塘附近

◎滇越铁路湾塘附近的瀑布

正题　滇越路上之瀑布　廿七年十二月；

背题　湾塘附近有瀑布　在左方

◎滇越铁路波渡箐之隧道

正题　滇越路之涵洞　廿七年十二月；

背题　大树塘左近

考注　在381217日记中，记有“至波渡箐照隧道”。

关于“人字桥”

391217日记有“自波渡箐至倮姑塘，车行山中，千回百折。初逆流，继又改为顺流，此一段最险。”

行程表中列有“13:40 波渡箐　14:00 桥　14:37 倮姑塘”。其中 14:00 到达之“桥”即应是“人字桥”。

人字桥在云南省屏边苗族自治县五家寨。由法国工程师设计，钢架结构，支架呈“人”字形。桥梁将两山相对的隧道连接起来。南北走向，全长 76 米，桥面宽 4 米，距谷底 100 米。于 1907 年 3 月 10 日动工，1908 年 12 月 6 日竣工。

“五家寨人字桥”于 2006 年被国务院宣布列为全国重点文物保护单位，有关单位拟筹设博物馆，并筹划“申遗”。

竺可桢当年在车厢中无法拍摄此桥，下面照片为从网上搜索下载。[①]

附图

◎滇越铁路人字桥在两山崖之间之远景

◎滇越铁路人字桥钢架结构之近景

① www.360doc.com 2013-08-09，滇越铁路上的人字桥。

◎滇越铁路倮姑塘一带之山景

正题　滇越路倮姑塘一带之山景　廿七年十二月；

背题　云南倮姑塘一带

◎滇越铁路倮姑塘附近

正题　滇路倮姑塘；

背题　波渡箐附近

◎滇越铁路落水洞附近

正题　滇越路落水洞附近　廿七年十二月；

背题　波渡箐附近

◎滇越铁路芷村附近

正题　滇越路芷村附近　廿七年十二月；

背题　白寨附近

381218日记

星期日　开远—昆明

晨4点即起，于5:30即离兴华旅店，共出房金五角。至对门早餐。6点铁路门始开，遂即上车坐原有位置，6:36车开。

自出开远，即离南溪，而沿南盘江行，此江入贵州之红水河。在西洱附近有桥，为拍一照。宜良有法国医院及学校。至呈贡，见阳宗海，车循湖边行。自此平原渐多，山不甚高，而均牛山濯濯。昆明附近，沟浍甚佳。五点至昆明。

6:36 开远	7:11 小龙潭	8:10 大龙潭	8:19 拉里黑
9:28 盘溪	10:29 西洱	11:12 糯租	11:50 禄丰
12:15 徐家渡	13:38 狗街子	13:56 羊街子	14:12 宜良
16:06 七甸	16:35 呈贡	17:00 昆明[①]	

◎滇越铁路南盘江上之桥

正题　滇越路之桥工；

背题　南盘江上之桥，在大、小龙潭附近

◎滇越铁路盘溪附近

正题　滇越路婆兮[①]左近　廿七年十二月；

背题　在开远以南一段白寨附近

① “婆兮”系“盘溪”之音误。

◎滇越铁路南盘溪上之小舟

正题　滇越路南盘溪上之小舟；

背题　南盘溪西洱附近

◎滇越铁路南盘溪旁之涵洞

正题　南盘溪旁之涵洞　廿七年十二月；

背题　南盘溪西洱附近

◎滇越铁路西洱附近

正题　滇越路西洱附近；

背题　南盘溪西洱附近

◎滇越铁路徐家渡

正题　滇越路徐家渡　廿七年十二月

◎滇越铁路南溪

正题　滇越路南溪　廿七年十二月；

背题　徐家渡附近

◎滇越铁路宜良附近之桥，桥前部有隧道连接

正题　滇越铁道　廿七年十二月；

背题　宜良附近之桥

◎滇越铁路宜良火车站

正题　云南宜良火车站　廿七年十二月；

背题　云南宜良

◎滇越铁路旁呈贡阳宗海[①]

正题　云南杨宗海　廿七年十二月拍；

背题　滇越路杨宗海

据381218日记，竺可桢与其偕行的中研院动植物研究所所长王家辑于当日下午5点钟到达昆明车站。

① 原题“杨宗海”。

◎竺可桢在昆明西山气象台，全文晟摄于1938年12月21日。全文晟（曦堂），云南建水临安中学校长，建设昆明气象测候所的主要成员。

12月18日至26日，竺可桢在昆明。

381221日记

昆　明

9点曦堂雇一汽车来接余与二姊赴西山。所取道乃昆明至大理之大道也，至太华山附近始分路。首至华亭寺，古名“云栖”，内有金装八百罗汉，系新加修理者。其方丈名定安，系曦堂之堂叔，在滇唯一高僧也。略停后，再乘车向上至太华寺，登缥缈楼，远景颇佳，滇池一望在目，此处高度离山下250米。由此再上太华顶须步行，自10:30走起，至11:30始至气象台。台由曦堂经手建造，历五年始成，其中因经费周折停顿三年，共费11000元，于廿五年八月开始观测，现由陈一得为台长，陈遵妫之弟，及一得子、妻辅佐。每月经费，初仅月二百元，近增至三百元。余以空盒气压表测得高度为470米。离马路所中水银气压表573毫米，余之表为563毫米，低约10毫米。在顶上可见滇池大部及昆明附近之山峰。

与法国人在云南修建铁路有关联，早年在昆明修建过气象台。陈一得（秉仁）受此影响，于 1927 年在昆明创办“私立一得测候所”，后得到官方支持，易名为“昆明代用测候所”。1936 年，省教育厅筹资在昆明西山风景区的太华山建设昆明气象测候所，1937 年建成，陈一得任台长。

在中研院院务会议召开之前的 21 日，竺可桢偕张默君往昆明西山参观气象台，途经华亭寺。

张默君，中国早期妇女运动先驱，教育家，书法家。邵元冲之妻，竺可桢发妻张侠魂之胞姐。时任考试院委员。

竺可桢此次在昆明期间住宿于张家。

◎昆明西山云南省立气象台，竺可桢摄于 1938 年 12 月 21 日。

◎竺可桢与张默君（左）在昆明西山华亭寺，全文晟摄于 1938 年 12 月 21 日。

12月22日，在大观楼采云里七号工程研究所召开中央研究院院务会议，中午休息时在大观楼游览。

381222日记

昆　明

今日开中央研究院院务会议

晨7点起。8点即雇车赴城外大观园。9点至大观楼采云里七号工程研究所。9：30开会。叔永主席。地质、物理、心理无人出席。首读蔡先生来函，次各所报告。叔永主张各所迁定后不再徙，同时希望大家在一起。

12：30中膳。膳后偕叔永、孟和、仲济诸人赴大观园内。

14：30开会。16：30散。

◎竺可桢等中研院同事在昆明大观楼，摄于1938年12月22日。

左起：竺可桢、吴学周、吴定良、王家楫、任鸿隽、陶孟和

吴学周，化学所研究员；

吴定良，史语所人类组主任；

王家楫，动植物所所长；

任鸿隽，中研院总干事；

陶孟和，社会所所长。

381223日记

昆　明

9点至昆明大旅社王仲济处，未几叔永来。10点孟和夫妇始偕资源委员会车来，即出大东门七公里至鸣凤山。在此上山，至太和宫，后有铜瓦寺，建于明，有殿全系铜铸，康熙时重铸，故称铜瓦寺。11：30下山，再东北行五公里至龙泉镇，即为历史所所在地。入镇至所中膳，乃孟和夫妇所备之中点也。遇凌纯声、梁思永等。

◎任鸿隽与陶孟和夫妇等在昆明铜瓦寺，竺可桢摄于1938年12月23日。
左起：王家楫、任鸿隽、陶孟和、沈性仁（陶夫人）

（续 381223 日记）14：00再乘车行二公里，遇一桥，尚未修好，徒步行二公里至龙泉观。内有汉黑水祠，大殿前有古柏，可五抱，俗称宋柏，又有唐梅。时茶花及红、白梅皆盛放，为拍照数帧。过明末殉难薛尔康墓，至16：00始徒步至桥边，乘车回时，已17：00矣。至昆明大旅社，遇姜立夫。

◎昆明黑龙潭之唐梅，竺可桢摄于 1938 年 12 月 23 日。

◎昆明黑龙潭之宋柏，竺可桢摄于 1938 年 12 月 23 日。

◎竺可桢（左）与姜立夫（中）、饶毓泰在昆明翠湖公园合影，摄于1938年12月24日。
姜立夫，西南联大数学系教授；饶毓泰（树人），西南联大物理系主任。

381224日记

昆　明

8:30树人、立夫来，即偕出至黄公东路十号北平研究院，晤严慕光。渠家眷与正之家同住。由此至翠湖公园，内有省立图书馆，地质调查所有办公室在内，杨钟健主持其事。园内有Grand Hotel de Lac翠湖饭店，乃中法合资所开者。

12 月 27 日，竺可桢由昆明飞赴重庆，处理气象研究所事务。

◎在重庆颖庐从二楼拍摄的楼下周边景物，竺可桢摄于 1938 年年底。①
竺可桢在颖庐住二楼，位置应在照片中窗口之后面。

① 原题为“重庆曾家岩颖庐”，如前所注，颖庐位置不在曾家岩区域之内。

郑子政赠送的照片

◎郑子政与中国同学在麻省理工学院的合影，约摄于 1938 年。

左起：郑子政、钟皎光、刘贻谨、林士谔

正题　149 Austin St., Cambridge；背题　中国同学摄影

郑子政，曾任职于气象研究所和中央气象局，后曾任台湾“中央气象局”局长；

钟皎光，机械学家，曾任职于工业试验所中央大学，后在台湾至“教育部”部长；

刘贻谨，原为江苏省如皋中学理化教师，后为哈佛大学终身教授；

林士谔，自动控制学家，先后任职于成都航空研究院和北京航空学院。

竺可桢不记得这张照片的拍摄和获赠的准确时间，因此标示为“about 1940”。但郑子政于 1937 年 8 月出国，1939 年 8 月因病归国，拍摄时间应在出国的两年期间。因此，将时间置为“约 1938 年”。

据 1937 年和 1938 年日记，“149 Austin St., Cambridge”为郑子政的通讯地址。

合影四人都有在麻省理工学院留学的经历，应是“中国同学”在校园中的合影。

1939年

竺可桢本年常住地

宜山

◎宜山黄山谷祠，G. De Beauclair 摄。①

宜山有山谷公园，内有黄山谷祠。据391124日记，山谷公园当时为中央军校医务处所占。山谷祠，为衣冠冢，清道光时所立。

拍摄者全名G. De Beauclair（鲍克兰），浙大聘用德文教员，1938年11月到校，1939年7月辞。拍摄时间当在此期间。暂置于1939年之始。

黄庭坚，号“山谷道人”，北宋诗人、书法家。竺可桢在日记中记有黄在宜山事迹的文献。

在本年7月16日举行的本届毕业典礼上，竺可桢在致词中说：“历史上在宜山亦出了不少人物，外省人来官斯土者，亦不下数百人，但如今统泯没无闻，只剩了黄山谷尚有祠堂和衣冠冢，可称俎豆千秋，这不但是因为他的诗文可以传诸不朽，而且也是因为他的气节，经老死放逐而仍能坚苦旧约的缘故。”（《竺可桢全集》第2卷第483页）

381014日记

宜　山

黄山谷祠。宋黄文节公庭坚，淳熙初知宜州。祠乃宋韩壁创建。杨万里有《山谷祠记》。嘉定八年权州知事张自明建祠城西关外龙溪之上，有山谷手植两古松，名曰万红。山谷寺经明知府周一清，清康熙时知府苏世禧等重修，乾隆十八年署府事查礼重修，有记谓“至今六月十二日为先生初度辰郡之人士扶老携幼罗拜于堂下，岁以为常”云云。嘉庆六年巡启昆修庙，以范寥配祀。

① 原题“黄山谷寺”系“黄山谷祠”之误。

六寨镇位于南丹县北部，与贵州省独山县交界。为当时从宜山到重庆的必经要道。

◎广西六寨车站，竺可桢摄于 1939 年 1 月 14 日。

◎广西六寨中山公园（竺士楷立于亭内），竺可桢摄于 1939 年 1 月 14 日。

390114 日记

7 点竺可桢至独山站，附近平原不及都匀或定番之大，但四周树木极为葱郁。至麻尾后，地即平坦，未几入广西境，即见“建设广西，复兴中国”之标语。桂省森林虽少，但无焚草烧山之坏习惯。贵州则山之面积十分之一新近遭焚烧，欲造林乃不可能。至六寨，以加油及接受检查待一小时，为搜查鸦片。

据 390110 日记，竺可桢此次从重庆回宜山，偕竺士楷同行。

竺士楷，浙大工学院土木系讲师，竺可桢之侄。

◎宜山浙大校景，约摄于 1939 年年初。

浙大于 1938 年 10 月全部迁抵宜山。10 月 8 日晚，竺可桢阅《广西通志》中有关宜山历史部分内容；10 月 12 日阅《宜山县志》。自 10 月 29 日起阅《王文成公全书》。11 月 1 日在开学典礼上演讲《王阳明先生与大学生的典范》，11 月 19 日在校务会议上提出以“求是”为浙大校训。

浙大在宜山的布局，总办公处设在原工读学校，以文庙、湖广会馆为礼堂、图书馆和教室，一年级学生住湖广会馆，女生住文庙。在东门外标营盖建草屋为教室和二、三、四年级男生宿舍。老师与家眷分散居住在城内各处。

◎广西宜山浙大标营校舍，约摄于 1939 年年初。

浙大师生的抗战活动和言论引起了日军的注意，2月5日敌机在宜山有针对性地轰炸浙大校舍。①

◎宜山浙大标营东宿舍被炸后情形，竺可桢摄于1939年2月5日。

◎宜山浙大标营西宿舍被炸后情形

◎ 宜山标营浙大教室被炸后情形

① 李絜非：《浙江大学西迁纪实》，浙江大学出版社，1939年。

390205 日记

星期日 宜 山

9点至校。9:30偕刚复、鲁珍、诚忘及学生孙翁孺、余建彬（粤人）、虞德麟等三学生出发往城南之太平乡，离城二十里。因闻有难童二百余人在彼，多系广东来者。余等原欲捐送棉衣，但拟先一探视。自南门往经了歌山之大道，途经南山寺，见交通部之汽车，知京赣路存有若干材料在此。再向前，11点入太平乡区域，未几即闻飞机声，时约11:15。余等在途稍停，见有十八机分为两群，经宜山城，由东南南向西北北飞。飞稍远，余等又行，但机声又逼近，仍向宜山。至宜山天顶，初闻一枪声，见半空有烟一阵，未几即闻重大轰炸声，宜山起火。十八机即向东行，但未几有九机折向南，又作大围绕，余等所在地却在中心。时适12点，已抵太平乡，将至乡公所打电话，因机又折回宜山城，乃在一山顶瞭望。见九机折回至宜山，由西向东，飞至东城时，落轰弹甚多，连续可闻者八九声。向东去复又折回南而西作大围绕，再转北方，又由东向西过宜山，作第三次轰炸，此次凡四声。自第一次炸至第二次约费时十五分钟。其半径约为三十华里，故机行之速度每小时约三百六十公里也。机之高度最初在三千公尺，至轰炸时稍低。余等至此亦无心往观难童。机声停后已12:40，余等匆匆进点心。

13:00出发，回至半途即闻赶墟之村人言标营被炸。过了歌山将至城，忽讹传警报。余等在了歌山足略停。适朱亮臣来，乃知标营及乐群社之大礼堂被炸。稍息后，余等沿南城墙脚而东至标营，时已15:00余。至农场左近，见路上落弹累累。后据点数，共有八十六枚之多。至标营，知计共烧去二年级学生宿舍一所、标营大门及办公室与新成之礼堂及农场对门之新造茅屋顶教室一所。五日下午余等在标营，知学生因均于第一次轰炸后避于江边，故无一重伤，（伤者）仅徐嘉淼与高昌瑞二人及一校工。徐脑后破皮，高手指略伤，校工略重。其余尚有徐守渊等因救宿舍之火足上受伤。16:00余进城，知乔年住南一街屋落一弹，正中后房，刚复住西一街50号落二弹，炸去屋角。余均往一一慰问。并至指挥部询悉此次共死市民三十余人，伤二十余。而浙大员生、眷属均无恙，亦可谓大幸矣。晚7点召集行政谈话会。

390207 日记

现校中有学生共七百七十九人，内女生八十二人

上午9点至校。学生自治会代表孙翁儒、林廷鸿等来，知二年级学生损失，依估计凡一万二千元之谱，其中有八十人全部行李失去，四十二人失去一部分。

15点开校务会议，讨论炸后校中整理问题。费香曾、冯言安诸人均主张继续停课，另行物色房屋，疏散上课。讨论甚久，困难在于校舍问题。结果分校为农、工、文理师范、一年级四部，由九人组织校舍委员会，设计疏散；决于明日复课，上课时间由五十分钟减至四十分钟，上午10点至下午2点半无课。此外并组织课程调整委员会，二年级学生由校拨二千五百元、教职员捐月薪十分之一救济。18点晚膳，21点回。

◎宜山乐群社被炸后情形，竺可桢摄于 1939 年 2 月 6 日。

390206 日记

宜　山

昨晚会议决定停课两天，唯今日上午之纪念周于下午 4 点照常举行。以后天气佳良时，上午 10 至 12 点课移至下午 5 至 7 点上。并发急电至重庆、南昌、金华各处，说明浙大被炸，师生均安。21：00 余与刚复、鲁珍至标营新成十九、三十九教室，因二年级学生行李被焚后，即由教职员、学生捐被铺，至该两处席地而卧也。22：00 回。

昨日敌机轰炸，东面乐群社及县党部落弹，西面则西一（街）50 号落弹，若系延烧弹则余寓必无幸矣。所用者似均系 50~100 公斤之炸弹，（弹坑）直径约一丈五六左右，在 50 号死一不知姓名之男子。则 18 号即前丁炜文寓现则彭慧云与冯斐寓内，亦死一年幼女佣人。闻余寓被炸后亦满房灰尘，而凡所关之窗玻璃尽破矣，寒暑表亦落下。

中午 11：30 又有警报。余即出北门，与群众逃避，但因昨炸后市人成惊弓之鸟，晨 4 点即早餐，餐后避往城外，因之出城时并不十分拥挤。过河后至市中即有紧急警报，相距十五分钟，再五分钟始至北山，后遇振公，躲避计二小时。13：30 解除后过江，回寓中膳。膳后下午 3 点至校。16：00 至文庙作纪念周，因礼堂被炸故。

◎宜山龙江公园与北山，竺可桢摄于 1939 年春。

◎宜山百姓听到警报后在龙江岸边逃避情形，竺可桢约摄于 1939 年 2 月 6 日。

竺可桢于2月23日离宜山，赴贵阳。28日至遵义考察浙大迁移校址。3月1日至12日在重庆，期间参加全国教育会议并处理气象研究所工作。

◎在重庆颖庐气象研究所门前玩耍的儿童，张宝堃摄于1939年3月5日。
背题　民廿八年三月五日拍于颖庐前
张宝堃，气象研究所测候员。

经友人介绍，竺可桢于3月在重庆与陈汲初次会面，并邀亲友同游北碚缙云山。

390310日记

上午，竺可桢偕陈汲、吕炯等赴缙云山。至北碚，应钱崇澍之约，与吕炯在柏庐中膳，到伍献文、裴鉴、卢于道、张宗汉等。膳后与吕炯等渡江至江北之东阳村西部科学院所办之测候所，知山上有空地可以建屋为气象研究所用。

◎竺可桢与陈汲等在北碚缙云寺前合影，摄于1939年3月10日。
左起：吕炯、钱逸云、王宗瑶、王老太太、陈汲、竺可桢
陈汲（允敏），陈源与陈洪之妹，中央图书馆工作人员；
王宗瑶，陈洪（次仲）之妻，与陈汲为中学同学；
王老太太，王宗瑶之母；
钱逸云，气象研究所图书管理员；
吕炯，气象研究所代所长。

◎吕炯（左1）、陈汲（右3）等在北碚缙云山，竺可桢摄于1939年3月10日。
左起：吕炯、王宗瑶、王老太太、陈汲、钱逸云、王君毅太太

◎浙大在宜山标营举行“五九节”纪念国耻，施昭仁摄于 1939 年 5 月 9 日。
施昭仁，化工系助教。

袁世凯当政时，因传闻他于1915年5月9日承认日本提出的“二十一条”，激起全国人民的反日运动。后来曾把5月9日定为国耻纪念日。

390509日记

宜　山

晨出席“五九”纪念国耻大会

六点二十分至文届及标营视察，学生排队赴西门外公共体育场。今日学生去者七百人，几全体出发。台上推余作主席。行礼如仪后余致开会辞，次请雷宾南及岑兆熊指挥官演讲。八点二十分礼成。

至图书馆阅*Forum*（《论坛》）三月号，内有“Rose Hitler's Aerial Triumph”文，谓当捷克事件发生时，Hitler（希特勒）有飞机12000，目今则16000，在去年九月间其数三倍于英、十倍于法。意大利亦多于英、法。德国每月能出机一千，战时可至四千。英国至多四百，法国75只。德最快之驱逐机Messer Schmitt带20mm炮，速度610km/hr，上升三千公尺下降及地只要2′5″。现此种机已有二千。轰炸机有Heinkel Ⅲ每小时行450km，可带一吨重炸弹至1600km以外，现有2500只。每只战斗机之命运只30小时，故此种机多用木制云。德国有飞行员二十万人，英八万七千人，法六万四千，美四万三千。

◎宜山标营之浙大操场，摄于1939年。

◎贵州黄果树瀑布，竺可桢摄于1939年6月21日。[1]

按竺可桢题图习惯，有“拍”字而未附人名的情况下，是由他本人拍摄。

1942年（民国卅一年）竺可桢没有到过安顺。

据390621日记，根据王肇奋的介绍，竺可桢曾与胡刚复等为考察迁校地址事，到安顺陈家岩考察，曾到附近的黄果树瀑布游览并有详细记载。据此，时间考为390621。

390621日记

贵阳—黄果树—贵阳

晨王肇奋介绍杨君绍芬来谈黄果树事　蒋伯谦来，李宗恩、吴考之、夏定域来，未晤到，往黄果树瀑布及陈家岩

晨7点起，蒋伯谦来，未几浙大毕业生、贵州公路局王肇奋介绍杨绍芬来，杨系黄果树人，言其亲戚陈德安（号少怀）者有大屋九开间三楼加厢房，可以出让与校中。偕伯谦、壮予等早餐后，决乘车赴黄果树，9：30出发。同行者胡、张外，杨绍芬、壮予。至黄果树后，由杨君觅联保长，余与壮予、刚复及孟闻下坡观黄果树瀑布。此瀑布全国闻名，有拟之于Niagara者，实则相去甚远。计高度自街面至水面为100公尺，而瀑布本身最后一段高六十公尺，宽约三、四十公尺。水并不大，作黄色，名为白水河，殊不称，至冬季则水清。据联保主任云，水大时尚可五倍于今日。据刚复估计，如发电可得数万匹马力。15：20偕陈区长等至二里许山中陈家岩看大屋，两旁均有杉林。兵工署正在附近建屋，已伐木二十根。陈德安之屋木制，但仅足容百许人，其地亦不宜于大学，唯果木多耳。在此食桃数枚，主人留客甚殷。16：30由黄果树出发回至贵阳已20：00矣。

浙大同学会在扬子餐厅招待，到工、农、文理毕业生廿九人。余所识者只王肇奋、王以仪，并有女生杨志远（民廿三）等。22：00散。

---

① 原题“民卅一年”。

1939年6月，竺可桢与贵州浙大同学会有21日与22日两次聚会。

在390621日记中，记述竺可桢等到安顺，晚8点才回到贵阳，"浙大同学会在扬子餐厅招待，到工、农、文、理毕业生廿九人……十点散。"根据照片显示拍摄时的室外光照情况，时间不相合。

在390622日记中，记有"下午五点浙大毕业生丁守常（西南公路局）、王肇奋、王以仪等来，茶点，共到浙大毕业生二十余人，女生一个名冯蕙芳。六点半散。"可由此认定拍照时间，地点在中国旅行社贵阳招待所。

竺可桢在日记中提到的人名有丁守常、王肇奋、王以仪和冯蕙芳。丁在西南公路局工作，1927级土木工程科毕业生；王肇奋，当时在贵州公路局工作，浙大电机系1931年毕业生；王以仪1937年毕业于电机系、冯蕙芳1938年毕业于电机系。关于照片中人物，现只有唯一的女生冯蕙芳（前排左1）可以辨认。竺可桢之右似应为丁守常，竺可桢左三似应为王肇奋，待考。

◎与贵州浙大校友的合影，摄于1939年6月22日。
前排左3为竺可桢

竺可桢于9月上旬在重庆处理公务，中旬与陈汲、陈源等游峨眉山，21日在嘉定[①]与陈汲订婚。

390912日记

嘉定

8:30通伯（陈源）来，即偕至文庙。中山堂中一弹，屋全毁。闻武大一教员挈妻子在此稍息，闻飞机声始又走，其妻得免、其子受弹片死。又闻张潼澄之妻亦遭难，钟兴厚及杨端六之母均由火中背出。嘉定文庙远较宜山为大，现武大总办公厅及文法两院办公室、图书馆均在此。大成殿为图书馆，极宽敞。主任皮君云武大有西文书三万册、中文书七万册，均携出，但最重要之九十箱系西文旧杂志，因船沉致潮湿，损失甚大。至叶峤寓。叶，化学系主任，曾在中央研究院任事，温州人。在其寓可见乌尤、大佛二寺。（大佛）唐海通造，高三十六丈，视之仅如百尺许，并隐约望见峨眉山。偕叶峤至西门李公祠理学院，化学方面有机、无机、定量、燃料、药品各有一室；在物理方面遇马思亮、刘云山。未几警报来，偕马至其寓。同居者为前南开学生吴大任，大猷之弟也，其夫人即陈衡哲之妹。又遇生物高尚荫及政治教员刘君秉麟。

11点警报解除。通伯来，偕至其寓中膳。拜见其七十四老母，现住乡下，于今日迎至城中。膳后桂质廷来。在乌尤寺尔雅楼之复性书院晤马一浮，知林主席昨过此，熊十力上月十九几被炸伤一腿。出至凌云寺即大佛寺。

◎四川乐山大佛寺

◎在佛头顶上站立者是武汉大学电机系教授王子香，竺可桢摄于1939年9月12日。

① 抗战期间武汉大学迁址四川乐山。历史上乐山县曾为嘉定府之首县。竺日记中“嘉定”指乐山县境内的嘉定府治所旧地。

◎竺可桢与陈汲在峨眉山龙门洞铁索桥上，陈源摄于1939年9月16日。
左起：陈汲、竺可桢、张品三
陈源（通伯，西滢），陈汲之长兄。文学家，时任武汉大学文学院院长。陈家住嘉定。
张品三，武汉大学生物系植物学助教，此次陪伴竺可桢登峨眉山。

9月12日至21日，竺可桢偕陈汲从嘉定赴峨眉山，是为两人由陈源陪同的定亲之旅。

390916日记

峨眉山

晨8：50由峨山招待所出发，取小道上山，初沿马路，遇川大教员郑衍芬，前东大物理系毕业生，已数年不相见矣。知其住保宁寺，即川大理学院所在也。至黄湾，遇川大教员邓胥功、李哲生、文学院院长向楚、法学院院长曾天如。再前行即为龙门洞，乃为一两岸耸立之涧，其石层均直立，有一处水自洞中出，分为七八支流变为瀑布流入河中，惜瀑布均甚短耳，再下有一铁束桥，通伯为拍一照。12点至五显亭稍停。13点至清音阁。是处亦为一涧，即黑龙江之峡，上驾以桥，以水声清越得名。在此中膳，遇物理教员严君。14：50余等由清音阁出发，至牛心石一转，未至黑龙江栈道。自峨眉至此沿路均有白蜡树、冬青类及桤树，其木材可制软木塞，五棓子树即盐肤树亦有之。16：20过三道桥。17点至洪春坪。余等即在此住宿。

◎陈源等在峨眉山清心阁下牛心石，竺可桢摄于1939年9月16日。
左起：张品三、陈源、陈汲、严 ×

390918日记

今日值“九一八”之八周纪念

至8点雨渐止。8：50偕张品三徒步上山，允敏与通伯则各坐滑竿，在大乘寺遇雨。10：40至雷洞坪，武大采标本之孙祥钟君即在此处，并遇武大英文教员李纳（George Rainer）。孙君示余等以冷杉之果，灰蓝色，长二寸半，圆径一寸，外间所罕见也。

◎竺可桢等在峨眉山雷洞坪，陈源摄于1939年9月18日。
左起：竺可桢、张品三、陈汲、孙祥钟、George Rainer
孙祥钟，武汉大学生物系教授，后任武大生物系主任，中科院武汉植物所所长；
张品三，武汉大学生物系植物学助教；
李纳（George Rainer），武汉大学英文教员。

◎从峨眉山金顶望千佛顶和万佛顶，竺可桢摄于 1939 年 9 月 18 日。

◎峨眉山千佛顶测候所，竺可桢摄于 1939 年 9 月 18 日。

峨眉山测候所在千佛顶上。由中研院气象研究所建立于 1932 年 8 月 1 日，测候员为胡振铎、姜亚光和瞿鎏理，1933 年 8 月底撤销。1939 年 4 月由四川省建设厅重建，测候员为刁庆奎和周凤梧[①]。

390918 日记

至千佛顶即歇此处。前面有杪椤坪。千佛顶寺院名万寿寺，小于金顶，但招拂较好，故余等住此处。余与通伯住一向南屋，以为明晨可望大雪山也。千佛顶最高处川省设一测候所，民廿二年胡振铎、姜亚光、瞿鎏理三人居此十三个月，寺僧圣渭（知客界兴）颇称胡等均极虚心，不若目刁庆奎之有官架子。刁适于昨下山。周凤梧来谈，谓薪水二月不发，渠与刁均拟辞职，且二人薪水与山下同。余告以在高山测候所应得双薪，回时当与所中商给津贴。刁之妻女亦住山上，不日下山，因冷也。老僧圣渭来谈胡振铎及刁庆奎在山上之行动。此僧住山上已经卅余年。据云往年四季留山，近则在山下过冬矣。今日天气二三点时似将显阳光，但至傍晚雾又大。晚间在测候所看佛灯，周谓均人家灯火也。余等所见不过二三十盏而已。

---

① 陈学溶：《中国近现代气象学界若干史迹》，气象出版社，2012 年，第 49 页。

据 390216日记，浙大在2月5日遭到敌机轰炸之后，为求安全计，校舍委员会曾拟定建立一批新校舍，以流河洞口为农学院，莫村为文理学院，坝头至下涧或为一年级，或为工学院，而以中涧或为一年级或为工学院。又据390815日记，浙大召开建筑委员会及行政谈话会联席会议决定：除在小龙江岸坝头村建设工学院新址之外，还要继续建设理、文、农、师范各学院之地基，并决定由张孟闻住莫村为建筑办事主任。

12月17日，竺可桢偕校长室秘书章德勇（诚志）至小龙江、坝头村和莫村，视察浙大近期新建筑并予拍照，但因“满天云翳”且相机太旧，拍照效果很差。

391217日记

偕章诚忘往小龙乡莫村、坝头

八点偕章诚忘出发赴莫村、坝头摄学校已建各室之照相，行一小时半抵坝头工学院宿舍。墙已筑就，惟须盖瓦而已。在宿舍西近江岸处看小龙江及近筑之竹片桥，风景极佳。今日诚忘带一照相机来，但满天云翳，且照相机亦太旧，不识结果如何耳。余与诚忘过江至莫村，又拍一照。

◎宜山小龙江渡口，竺可桢摄于1939年12月17日。

◎浙大在宜山小龙乡坝头村建成之新房屋（一）

◎浙大在宜山小龙乡坝头村建成之新房屋（二）

◎浙大在宜山小龙乡莫村建成之新教室

1940年

竺可桢本年常住地

遵义

南宁于1939年11月25日陷落。28日，竺可桢主持召开临时校务会议，议决迁校。

据391230日记，竺可桢在当日躲警报时，曾赴对江白龙洞晤部队指挥官尹任纲，谈话中告以“拟立一浙大留庆（宜山古地名为‘庆远’）一年纪念碑，尹甚赞成之”。据浙江省档案馆藏件，校务会议曾决定在文庙立一石碑，以为浙大驻宜之纪念。依此，原碑应立于1940年1月，此后浙大于2月开始在遵义办公。

据杨达寿《宜州寻迹话沧桑》一文，在浙大迁离宜山前，将此碑与迁移来的元代至正十八年刻《庆远城池图》碑石并立于庙内大成殿右庑下，但后来庙已无存，两块碑石不知去向。宜山市委、市政府于2002年在文庙遗址前立碑，镌刻竺可桢校长之《国立浙江大学宜山学舍记》，由宜州市书法家协会主席李楚荣书写。

竺藏中无原碑照片①。

碑文

国立浙江大学宜山学舍记②

将欲抗顽虏，复失壤，兴旧邦，其必由学乎。丁丑之秋，倭大入寇。北自冀察，南抵闽粤，十余省之地，三年之间莫不被其毒。唯吾将士，暴露于野者，气益勇；民庶流离于道者，志益坚。其学校师生，义不污贼，则走西南数千里外，边徼之地，讲诵不辍。上下兢兢，以必胜自矢。噫！此岂非公私义利之辨，夷夏内外之防，载在圣贤之籍，讲于师儒之口，而入于人人之心者。涵煦深厚，一遇事变，遂大作于外欤。当军兴之四月，国立浙江大学以杭县旦危，尽其所有以迁建德；逾二月，桐庐告急，徙泰和；二十七年七月，虏犯九江，复之宜山而校焉。宜山之为县，当黔桂之孔道，其长吏若民，多通材达识，喜多士之至也，划县中之文庙，东郊之标营，暨工读学校以与焉。乃鸠工庀材，修其蔽坏，涤其黝污，取蔽风雨，务绝华靡，故工不劳而集，费不侈而完。又择隙地，结茅架竹，为屋数十椽以益之。凡讲艺之堂，栖士之舍，图书仪器之馆，校长百执之室，以至庖湢之所，电工之厂，游息树艺之场，莫不兴修。于是五院之师生千余人，皆得时讲贯于其中，应变以常，处困以亨，荡丑虏之积秽，扬大汉之天声，用缵邦命于无穷，其惟吾校诸君子是望乎。

中华民国二十八年八月　校长竺可桢撰

岁次壬午年夏邑人李楚荣书丹

---

① 《国立浙江大学校刊》复刊第47期（1939年11月24日）刊有竺可桢撰《国立浙江大学宜山学舍记》一文。碑文撰写时间署为“八月”，但日记中未见相关记述。2002年重刻碑文似与校刊发表文略有差异，如校刊“学舍记”文倒数第5列中“莫不备具”，在碑刻中为“莫不兴修”，推测应是校刊发表在先，至刻碑时作者以“备具”用意偏高而改为“兴修”。

② 文中标点按《竺可桢全集》第2卷第487页收文录入。

◎附图　国立浙江大学宜山学舍记碑（2002年重刻）

竺可桢于1月12日离开宜山，16日抵遵义。

2月22日，浙大学生开始上课。

竺可桢于3月1日抵重庆，办理研究所和学校公务，并于3月15日与陈汲举行婚礼。

陈汲（允敏），江苏无锡人，陈源之妹。生于1905年，毕业于北京女子高等师范学校。1929～1935年在中央研究院社会科学研究所任图书管理员，后转至中央图书馆。

400315日记

在重庆银行公会与允敏结婚

◎竺可桢与陈汲结婚照，摄于1940年3月15日。

9点即至康庄一号，偕次仲、通伯赴稚晖先生处。遇之于途。遂偕至道门口银行公会楼上。今日喜事请王宗海、高玉华、吕蕴明、郑子政、厉德寅诸人。今日适值大雨，而自上清寺来过远，故参观典礼者人不甚多。余所识者计有雨岩夫妇、梅儿、钱安涛、王君韧、周子竞、胡光麃及蒋慰堂与毅侯。毅侯以坐轿来，最后到。原定11点行礼，后延至11:30。允敏早已预备就绪。结婚仪式极简。稚晖先生证婚，王毅侯、蒋慰堂介绍人，通伯、雨岩主婚人。在证书上盖图章后即由稚晖先生说数语（余立右，允敏左）即礼毕。时适12点，即至对门礼泰饭店中膳。到者有咏霓、骝先、仲揆、孟真、于培然（现任财政局局长）、徐仲年、胡博渊、钱乙藜等等，共约六十人。吃西菜。席将半，稚晖先生主张余与允敏各敬酒一杯。由是王雪艇太太首先回敬。因之孟真、骝先均来敬酒。余饮渝酒七八杯之谱。约14点散。余初尚不觉醉，偕允敏至光华照相馆。以无电待约半小时，酒性乃发作，方在摄影时余觉不能支持。15:30至康庄一号，进浓茶，酒稍解。16:30偕允敏乘车渡江至海棠溪，来南温泉南泉公寓。

中央政治学校隶属国民党中央领导，成立于1929年（前身为1927年成立的中央党务学校），原为大学建制，1937年爆发全面抗战后改为短期性质训练的机构，1946年改为“国立政治大学”。

◎竺可桢夫妇在重庆南温泉中央政治学校码头，摄于1940年3月18日。

400318日记

星期一　南温泉

9点至南泉小憩早餐。10点，俞颂华来，又吴联辉来，偕出乘船往仙女洞。过飞泉，拍二照。由此上陆则为政治学校之训练班，即仙女洞也。此处为南温泉人民之天然防空洞，亦为飞泉瀑布之源流。由此再下船，至政治学校码头上岸，参观中央政治学校。校址地名小温泉，昔为川人阮姓之别墅，后为中央政治学校所租，后则永久租借，阮姓无如何也。

400320日记

重　庆

四点乘车入城至油寺街四号参政会王雪艇处，晤王太太，未几雪艇回。余与谈浙大迁移费十四万已由行政院通过，希望早发。渠谓此事归最高国防会议财务股审查，可托雷儆寰。余即晤雷，允于明日到会询之。七点至国府路外宾招待所，请通伯、次仲夫妇、王伯母、王宗海、常厅长夫妇、吴旋之夫妇、葛家小妹等。

◎陈源（右）与陈汲（左）在重庆国府路外宾招待所，竺可桢摄于1940年3月20日。[1]

① 原题“廿九、三、十六”。

重庆遭大轰炸之后，气象研究所从颖庐迁至北碚。竺可桢个人志趣在气象研究，浙大安顿于遵义、湄潭之后，他又多次请辞校长职务，有意在重庆安家久居。据400309日记，吕炯与竺可桢谈建筑气象研究所在北碚张家沱建筑办公室、图书馆、男女职员宿舍及所长住宅事，竺可桢提出不用所中经费建所长住宅。次日即在附近寻找由个人出资租用的寓所，“中膳后至郑宅看屋（郑宅系民生公司郑璧臣所有）。此宅系新筑三开间，二楼，有院子，唯房东须自留二间楼下。价年一千元，加二百元之押租。余在北碚所见，以此宅最为合适，拟与蕴明合租。因有二厨房，可住二家也。”

◎北碚张家沱竺可桢寓所，摄于1940年4月。

400326日记

11:10至北碚新村。余偕允敏、通伯参观地质调查所，遇李善邦与曾世英，并至动植物研究所。12:30在松鹤园应气象、动植物两所之招中膳。膳后至张家沱气象研究所。企孙为清华借去大气球四个。

15点至郑家花园，即余与蕴明所租之宅。余住楼上共六间，蕴明住楼下四间，共租金年一千元，押金五百元云。

北温泉公园，原址为寺院，经卢作孚改成公园。

原题无时间。据400402日记，竺可桢新婚并在北碚选定新居之后，宴请气象研究所同人（含钱逸云），竺梅亦在北碚，因此将时间置于4月。

◎陈汲、竺梅和钱逸云在北温泉公园，摄于1940年4月。[①]

◎竺可桢与家人在北碚张家沱寓所前合影，摄于1940年4月3日。[②]

左起：陈汲、竺可桢、竺梅、竺津

400403日记

北 碚

11:30梅偕希文来。12点回寓。别希文已两年有半，长得不少。壁上量之得英尺五尺十寸余，乃得高出余七寸，度其可达六尺之高也。希文于今年十一月始满廿岁。中膳后在寓前拍一照。偕允敏、梅、希文赴北碚公园，并送梅至埠头乘民船往土沱求精中学。土沱在北碚下游卅中里（华里）。

◎北碚北温泉游泳池，竺津游于池中。竺可桢摄于1940年4月4日。[③]

①②③ 原题无时间。

◎北碚张家沱嘉陵江岸边的纤夫，约摄于 1940 年 4 月 6 日。[①]

400404 日记

余与希文由气象所取道公路往北温汤。9：35 至温泉，首至公园。10 点余至温泉，希文入池洗浴。余以不带手巾未入池，但在外旁观而已。

400406 日记

星期六　北　碚

赴白庙子后峰岩天府煤矿询装电线至北碚事，以气象研究所需日电为发报之用。

晨 7：20 偕蕴明乘滑竿往芭蕉湾，由张家沱去约十里之谱，须循嘉陵江下行，过猫背沱。余等初上山，知鸡公山上只有兼善公学，乃下山至芭蕉下湾，有石灰窑，但无天府煤矿之办事处。询居民，据云在对江。遂乘舟渡河至对江。16 点别孙越崎、程宗阳由原路回至半途，越岭至黄葛镇。同回者余与蕴明、曾膺联及孙君与薛君（二人不知名）。过江已 18 点。

◎从北温泉望嘉陵江，摄于 1940 年 4 月 7 日。

◎陈汲（右）、竺津（中）、竺梅（左）在北温泉公园清凉寺，竺可桢摄于 1940 年 4 月 7 日。

① 原题无时间。

◎北碚民众公园中供参观的大熊猫，摄于 1940 年 4 月 7 日。

当时对大熊猫还没有规范的定名。右图似在笼内拍摄，应另有来源。

1869 年春最早由法国传教士阿尔芒·戴维在四川宝西北部兴县山区发现这种特别的动物皮而意识到它可能是生物学上的一个新特种时，当地人称之为“白熊”“花熊”或“竹熊”。当年 5 月，戴维把在猎人帮助下获得的第一只活体命名为“黑白熊”。后来，西方各国家竞相到中国捕捉大熊猫。1939 年中国政府通告各国驻华使团，严禁外人在华伤害及装运大熊猫出境之行为[①]。

自 1936 年开始，首先在美国有活体大熊猫向公众开放展览。在北碚民众公园展出的大熊猫不知是否为在中国最早展出者。

400407 日记

北　碚

9:30 偕曾膺联至寓，并与梅同往金刚碑乘舟赴温泉。希文来。12 点至嘉陵饭店茶室中膳。膳后在园中一游。15 点余，偕曾君至寓中稍坐，适士俊、郁芬来。偕允敏、曾君及士俊夫妇至北碚场民众公园，为白熊拍一照。

◎附图 《科学》杂志发表禁猎大熊猫通令时的插图（1939 年 4 月）

① 见《科学》杂志第 23 卷 3 ~ 4 期合刊，第 218 页。

4月17日离重庆，4月18日抵遵义。

校长办公室从江公祠迁至何家巷。

竺可桢家寓所于1940年2月22日迁至遵义碓窝井9号楼上，房东傅梦秋。

竺可桢偕陈汲于4月18日回到遵义。

竺士楷，时任浙大工学院土木系讲师，妻潘波若，育子女（姓名中有“乃”字者）较多。

浙大迁宜山后，竺可桢家庭日常生活由侄媳潘波若协助料理，亦暂住碓窝井9号。

400222日记

今日搬家，自水峒街三号移至碓窝井九号。前者为郭惠苍之屋，系事先已由一惠姓者租得，且屋只三间，故不得不迁。碓窝井之屋则亦为三间，但房子较深。在北面者隔为两间，为士楷夫妇及小孩卧室，南面者为余卧室，安与超二人亦睡此室。当中一间为食堂。余等原欲居楼下，以小孩过多而闹。但房东傅梦秋欲余等居楼上。

◎遵义碓窝井9号竺可桢寓所，竺可桢约摄于1940年4月下旬。

左起：竺乃宜、竺士楷、竺乃刚、竺安、竺乃贤、陈汲、竺宁、竺乃飞（坐地）、竺乃超

◎遵（义）湄（潭）公路首日开通时停车于八节滩桥上，摄于 1940 年 5 月 6 日。

浙大发展的布局主要在遵义和湄潭两地，自入黔之始，竺可桢就与贵州省主席吴鼎昌联系，多方奔走，力促早日建成连接两地之间的公路，终于在 5 月 6 日实现通车。始发车为浙大黔字 5644 号汽车，上午 9 点出发，下午 5 点半至湄潭。

八节滩桥大致处在遵湄公路的中段。

400506 日记

遵义—湄潭

九点始开车。东行过老蒲场后在中坪丝业公司之柞蚕场略停。10:30 至青神桥。桥尚未造就，须开至河底而过。11:00 至虾子场雨台山，车已行 70 里，滑竿一日之程也。沿路惟青神桥一段难行。在雨台山中膳，禹门寺离此十八里。在北方为黎莼斋故里，有古柏甚多，郑子尹之墓亦在附近云。12:30 出发，2:00（P.M.）至三渡关，在此停半小时饮茶。过草鞋峡及老母顶时余等均下车，因山路，且路面不佳，尚松也。过二度口入湄潭境，尚有 50 里。4:00 过菩萨岩，坡度陡而弯急，余等均下车走。4:30 至王家坝，适值市集。自虾子场以东汽车未曾通行，人民少见多怪，见生平所未见，王家坝人尤多。在此停半小时。5:00 出发，5:30 至湄潭，车直开至县城。老平桥已折，只有木桥。晚严浦泉县长招待。

◎湄潭北门外之湄江河，竺可桢摄于 1940 年 5 月 7 日。[①]

湄江河属长江流域乌江水系，发源于绥阳县小关乡山羊口，自北向南流经湄潭县八个乡镇。河水自东流转至县之主脉玉屏山北，环绕县城，转西至南，有湄水桥之水颠倒合流，汇为深潭，弯环如眉，故称“湄潭”。

本日，湄潭县县长严浦泉陪同竺可桢在湄潭县城内参观考察，并主持召开湄潭浙大迁移协助委员会会议。

七星桥位于湄潭城北，建于乾隆五十四年（1790 年），为本县第一座大型石桥。

① 原题“廿九、五、九”。

108-109

400507 日记

湄　潭

八点半由冉懋森、杨干夫、田孔皆、何介三等偕同至湄潭参观。同往者刚复、邦华、舒厚信、贺壮予、胡建人及刘慕曾、胡宪之诸人。由湄县中街即武庙至文庙，现有县党部、民教馆在内，至男小、火药局、财神庙、万天宫、理幽寺、城隍庙，并至天主堂稍息。出至朝贺寺。由此出南民门至万寿宫，参观茶叶公司与农业改进所，遇刘淦芝。出，经老平桥，经贺氏宗祠、大营盘山脉，由北门回城。经七星桥至玉皇阁，遇卢温甫、曾广琼、尹世勋、许鉴明等。测候所已于四月一日起恢复工作。

一点回至县署。中膳后三点偕刚复、邦华、壮予、建人及舒厚信出东门至山上，又折至北门玉皇观，转至西门至禹王宫。六点回城。七点晚膳在县署。膳后开湄潭浙大迁移协助委员会。由严浦泉主席。余及刚复、邦华、厚信、壮予、建人列席。议决：①湄潭中学与实验学校合并，由严县长征求地方人士意见后呈厅；②由协助委员会觅住宅250间，造册交浙大分配；③贫民住宅在公共房屋须迁移者，给予迁移费每户卅元；④县党部让出文庙至城隍庙，给迁移费五百元；⑤民教馆迁移费二百元，救济院二百廿元。

◎湄潭七星桥，竺可桢摄于1940年5月7日。

400508日记

湄潭—遵义

在县署早餐后，余等在县署前拍数照。于9:05始别严浦泉等，乘原来国5446黔字车出发。至王家坝后偕刚复、邦华、厚信、建人、壮予及刘慕曾至沙坝刘任承宅，为一洋房，离市（王家坝）五里。回途至虚阁，昔名清塘寺，明代所建。此处近河，有水红树，叶小类乌桕，计可六、七围，想已三四［百］年物也。11:30回王家坝后即西行。13:40至虾子场，此处有仓库，可储仪器。在雨台山中膳后15:20出发，16:40至车站。又五分至何家巷。

◎竺可桢与严浦泉、刘慕曾等在湄潭县政府门前，摄于1940年5月8日。
前排立者左起：×××、王佛艇、张杰孙、竺可桢、刘慕曾、胡宪之、严浦泉
车上四人左起：蔡邦华、贺壮予、舒鸿、胡建人

王佛艇，遵义仓库主任；
张杰孙，遵义县政府科长；
刘慕曾，遵义县长；
胡宪之，遵义士绅；
严浦泉，湄潭县长；
蔡邦华，昆虫学家，浙大农学院院长；
贺壮予，浙大总务长，化学系教授；
舒鸿（厚信），浙大体育部主任；
胡建人，浙大教育系副教授。

竺可桢夫妇于5月12日15点在遵义杨柳街天主堂后花园举行茶点招待会，答谢浙大校中同事对新婚的祝贺。

据400605日记，“上午张孟闻来，以五月十二在天主堂所拍照相赠。渠照相镜系Contax镜头，F1.5，故虽小而极为清晰。”

又据401215日记，“本年毕业学生临行赠余一杖，一照相簿，贴各人照片。余允各人赠照片一张。当将四月间在天主堂招待教员席上张孟闻所摄照寄上海‘王开’放大印二百张，已寄到。今日将签名其上。”

参加茶点招待会的教职员摄有多组合影，此为其中之一组。

◎竺可桢夫妇在天主堂后花园合影，张孟闻摄于1940年5月12日。

◎夏振铎等在遵义天主堂后花园合影，摄于1940年5月12日。

左起：吴明愿、王野義、夏振铎、万一、王建中

吴明愿，浙大工学院教授；

王野義，浙大土木系教授；

夏振铎（觉民），浙大农学院蚕桑系教授；

万一，浙大工学院机械系教员；

王建中，浙大农学院教授。

在遵义桃溪肇新桥的一组照片，竺可桢摄于1940年5月19日。

◎肇新桥

◎陈汲等在遵义桃溪肇新桥上

左起：陈汲、竺宁、竺乃超、竺乃贤、竺安

400519日记

星期日

13:15偕允敏、彬彬、宁宁、乃超、乃贤徒步赴桃溪寺。由丁字街出南门，过狮子桥，行三百公尺向右转，循一乱石铺径，约再行一点二十分始抵其地，时已15:45矣。桃溪上有水车不少，均用以作灌溉之用，故附近产米尚富。大者车轮直径七、八丈。在新桥余拍数照。

◎桥旁之水车

遵义“老城小学”是当地名牌学校，1940 年以前只收男生，原称“男小”。

400519 日记

18:15 始到家。遇女生姚文琴、李秀云等来邀允敏。晚膳后至老城男小参加四年级生茶会。允敏亦被坚邀到会。刘守绩主席。开会后余谈勤俭、合作及康健三点。约一小时。允敏说数语。

◎陈汲（居中坐者）应邀参加在遵义老城小学举行的浙大四年级女生茶话会，摄于 1940 年 5 月 19 日。①

① 原无图题。

◎ 1940 年 8 月浙江大学土木系廿九级毕业班学生合影，由竺可桢为照片题头。

左起：第一排　吴廷琦　孙怀礼　谢　汶　吴廷璪　胡传扬　阳　章　张哲民

第二排　金亮方　周邦立　周竞之　凌熙鼎　周家骥　董维宁　徐伊伯　周存国

第三排　周宗汉　胡泰成　龚先芬　×××　朱昭锷　陈家模　陈家振

背题　敬献藕舫校长留念（下为签名）

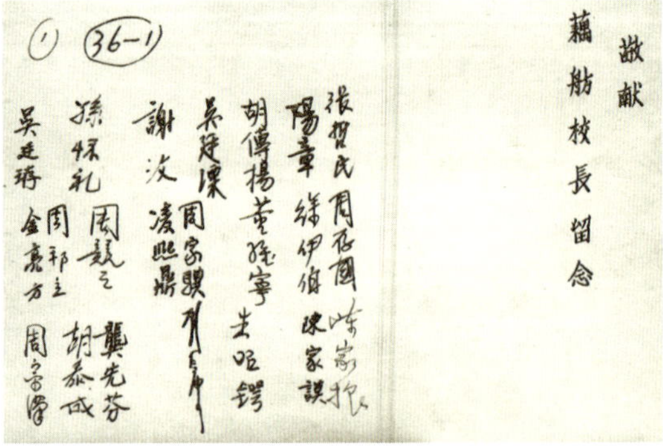

1941～1945年（9月之前）

竺可桢本年常住地

遵义

1941年以后竺可桢拍摄照片数量很少。从450611日记得知:“自民三十年(1941年)以后因软片价贵,余亦不复拍照”。因此,编者将1941～1945年抗战胜利之前的照片统编为一组,将其间同类内容的照片做适当归并,以便统一说明。

410817日记,记有“午后睡半小时,为松儿及彬、宁三人合拍一照”。

竺安12岁,读浙大附属中学初二;竺宁11岁,读小学四年级;竺松1岁。

◎竺安（左）、竺宁（右）与竺松（中）在家中，摄于 1941 年 8 月 17 日。

国立浙江大学以1928年毕业生为第一届，连续排下来，1941年为第十四届。

当年国内一些大学的应届毕业生相互策应，提出反对毕业前的“统考”，因此形成学生与校方之间的对立以及学生之间的分歧，参加毕业典礼和参与拍照的学生人数因此大减。

410713日记

今日举行浙江大学第十四届毕业典礼，应毕业者一百六十人。

晨5点起。6:45士楷来，未几王伊曾来，偕至何家巷。8点至县党部，今日举行毕业典礼。原定在播声电影院，后恐到者人少，故改县党部举行。到来宾高等法院卢溢美、俞首席裁判、苏绍文库长、县党部孙必仁书记长及高专员文伯及本校同事季梁、刚复、荩谋、洽周、馥初、乔年、何增禄、晓峰、振公、士楷、王欲为、卫士生等。毕业生到约八九十人，仅占半数，二、三年级生到者不达十人，以统考与四年级生发生意见之故。

8:30开始举行典礼。余报告，勖学生以建国事业大于抗战。次荩谋报告、授凭，来宾高文伯、孙必仁演说，教职员代表李振吾演说，最后毕业生代表郑芝书答词，摄影，散。

◎竺可桢与浙大 1941 届毕业生合影，1941 年 7 月 13 日摄于遵义国民党县党部。

前排左 11 为竺可桢，后排右 8 为程开甲。

这一组照片是由曹巽从西藏拉萨寄给竺可桢的。

曹巽，气象研究所派赴拉萨测候所的测候员。据410901日记，曹巽于1940年11月29日抵拉萨。1942年元旦之后，拉萨测候所移交给中央气象局。

据411011日记（北碚），“晚得拉萨曹巽来函，并附达赖喇嘛宫、珍珠林、龙门潭等照片数张。函系八月廿九发。”因此将这一组照片拍摄时间暂置为8月。照片背面有曹巽题字。

◎拉萨布达拉宫，约摄于1941年8月。①

背题　此为从达赖宫后面所摄

① 原题“民卅年九月”。

◎布达拉宫后之龙王潭

背题　达赖宫后有一池塘，右称龙王潭，内有三层楼一座，周围大树，风景奇佳，外环绿水，其中水禽成群。

◎拉萨珍珠林之一角

背题　珍珠林为达赖夏季修禅之宫地，清静雅秀。此为内之一亭。

1941年9月21日将发生日全食。

抗战期间，除原有的西部科学院外，还有不少科研机构内迁到北碚，如中研院的气象研究所和动植物研究所、中央地质调查所、中央工业试验所、中国科学社生物研究所等。9月21日这一天，中国科学社在气象研究所召开北碚社友会，活动的主题即是观测日全食。竺可桢在会上做了主题演讲，介绍观察日全食的意义。

重庆日食初亏在9:36，与会者在10:10开始用天文望远镜观测。

410921日记

北　碚

今日观测，见日中黑子九枚。食甚时树阴下月牙状之影极明显。二周阴雨，今开霁，真难得也。在所开北碚科学社社友会。

晨5:15即起，不能寐。时天方微明，可见缙云山，但云仍多，幸未雨耳。至6点左右阳光渐见，知高积云甚薄，则甚喜天气之霁矣。自六号以来，半月中天气阴雨，不见阳光，只有二次微露面，但不一小时又全阴矣。

8点太阳甚满，时卢析薪、伍献文、陈义、苗久棚等已先后（来）。继来者科学社雨农，动植物研究所仲济，地质调查所尹赞勋、周赞衡、方俊，中央工业试验所李尔康，西部科学院张博和、李乐元及联大曾昭抡、蒋子奇。8:30开科学社社友会。雨农主席，报告社中近况毕，余讲观察日食之意义半小时。10:10分散，以天文镜看日食。

日全食经过我国黄河、长江一带，四百年内仅二次而已。一乃在1542年8月11日，即明嘉靖廿一年七月己酉，二者相距四百年。今日浙江之庆元亦可见日全食。但以全球而论，每年至（少）有二日食，最多可四次。在最近四百年中，我们所能看到的日全蚀只有两次，一次是在1542年8月11日（明嘉靖廿一年），在黄河流域可以看到，第二次就今天的日食了。今天的日食经我国西北至东南，我国七千余里，共一小时二十余分钟。以东经105时间为标准，各地初蚀时刻：兰州10:51，汉口11:17，南昌11:24，九江11:23。重庆初亏9:36，食甚11:03，最多时蚀去百分之九十。

◎中国科学社在北碚召开社友会观察日全食，摄于 1941 年 9 月 21 日。

前排左 1 王家楫，左 3 钱崇澍，左 4 曾昭抡，左 5 竺可桢。众人身后为天文望远镜。

王家楫，动物学家，中研院动植物研究所所长；
钱崇澍（雨农），植物学家，中国科学社生物研究所所长；
曾昭抡，化学家，西南联大教授。

◎处于日偏食过程中的月牙状日影，李善邦摄于 1941 年 9 月 21 日北碚。

李善邦，中国地震科学事业的开创者。自 1929 年起在地质调查所主持地震研究工作。

在 410921 日记中，未记李善邦到会。此照片可能由李在地质调查所拍摄，后赠竺可桢。竺可桢、李善邦两人在北碚期间多有交往。

◎ 1941年9月21日，日食观测西北队在甘肃临洮岳麓山泰庙观测现场留影。①

左起：潘澄侯、李国鼎、龚树模（蹲）、张钰哲、区永祥、陈遵妫、李珩、高叔哿、陈秉仁、胡玉章

潘澄侯，任职于金陵大学理学院教育电影部；

李国鼎，中研院天文研究所技正；

龚树模，中研院天文研究所助理员；

张钰哲，中研院天文研究所所长；

区永祥，任职于金陵大学理学院教育电影部；

陈遵妫，中研院天文研究所研究员；

李珩，中研院天文研究所研究员；

高叔哿，中央大学物理系研究生；

陈秉仁（一得），昆明西山云南省立气象台台长（以中国天文学会名义参加此次观测）；

胡玉章，任职于金陵大学理学院教育电影部。

① 原题中错将“胡玉章”标示为“陈展云”。

对这次日全食，国际科学界为这一天的到来做了充分准备。本年3月9日，中国日蚀观测委员会在重庆生生东公园开会，议决组织西北（甘肃）、东南（福建）日食观测队。中央研究院天文研究所所长张钰哲率队前往甘肃临洮。

根据中国日食观测委员会的决定，由中央研究院天文研究所所长张钰哲率领日食观测西北队于6月30日从昆明出发，8月30日到达目的地甘肃临洮。历时一个半月，行程3200公里，不只是“艰苦”备尝，而且亲历了遭受敌机轰炸的生死考验。在全国学术界、政府、军队和地方的大力支持下，终于获得圆满成功。

据420116日记，竺可桢收到“张钰哲函并照片二帧”，应是左页与本页的两张。

◎陈遵妫在观测现场负责用特定仪器定时拍摄，获得一串18个太阳的连续图像，显现出日全食从初亏到复原逐步变化的全过程（自右至左，第三次拍摄时被浮云遮蔽）。[①]

① 有关文字叙述，参见江晓原、吴燕著《紫金山天文台史稿》，山东教育出版社，2004年，第116页。

浙大龙泉分校

抗战期间，浙江省西南部的龙泉县未被日军占领。根据教育部指示，浙江大学于 1939 年在浙江创办龙泉分校（浙大浙东分校），于 10 月 10 日举行开学典礼，次日开始上课。1939 ~ 1946 年，分校主任相继为陈训慈、郑晓沧、路季讷。

龙泉分校设在坊下的曾（玉如）家大屋。第二年在离坊下一里多路的石坑垅建造了一些新校舍。理、工、农三院及学校行政机构在坊下，称为一部，文学院和师范学院在石坑垅，称为二部。另在庆恩寺左侧还建造了一个简陋的大厅为礼堂兼饭厅。坊下，后由郑晓沧雅称为“芳野”。在曾氏宗祠开办“芳野小学”，招收本校教职工子弟和当地村民孩子入学。

◎设在曾家大屋的浙江大学龙泉分校，摄于 1940 年。

◎浙大龙泉分校在石坑垅为文学院和师范学院建造的新校舍全景，摄于 1941 年 10 月。

◎龙泉分校新建校舍——风雨龙吟楼，摄于1941年10月。

1942年

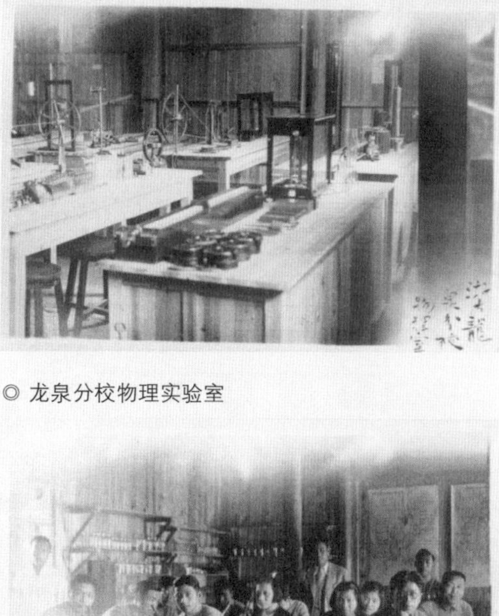

◎ 龙泉分校物理实验室

◎ 龙泉分校生物实验室

数学家、中科院院士、2009年国家最高科技奖获得者谷超豪于1943年9月考入龙泉分校。

◎附图　2010年1月11日，谷超豪获颁国家最高科学技术奖证书。

湄潭学生宿舍

◎湄潭浙大学生宿舍全景，竺可桢摄于 1941 年 2 月 6 日。[①]

◎建筑中的湄潭浙大女生宿舍

◎已将落成的湄潭浙大男生宿舍之一

① 原题“民国卅一年”。

410206日记

湄 潭

中膳后二点余，偕建人等（视察）女生宿舍，则梁檩已装就，唯待盖瓦矣。出东门，余在山上照相数帧，因名四座男生宿舍为求是、求诚、求真、求善各斋，而名女生宿舍为求美斋。现求是、求诚二斋已将落成矣。

◎ 1942 ~ 1946 年，浙江大学设在湄潭的永兴分部为一年级所在地，摄于 1942 年或 1943 年。

◎附图　1941 年李政道在上海读高中时摄此照，后不久即只身到大后方求学。

1943 年入浙大在永兴上课，1945 年夏赴昆明入西南联大，1946 年赴美留学。1957 年获诺贝尔物理学奖。

竺可桢收藏
有关杜立德将军在中国於潜获救的照片资料

1942 年 4 月 18 日，美国空军将领杜立德（Jimmy Doolittle）率领 16 架 B-25 双引擎轰炸机首次突袭日本东京，一举成功，起到了打击日寇嚣张气焰和振奋士气人心的重要作用。在完成轰炸任务后，按照原定计划，杜立德率领的轰炸机编队飞往中国南昌和丽水机场降落。参加行动的 16 架轰炸机中 1 架因燃油不足向北飞去，降落在苏联的符拉迪沃斯托克（海参崴），其机组成员一年后经伊朗回国。其余 75 名机组成员驾驶 15 架飞机飞入中国大陆后，也因燃油不足和天黑、大雾等因素，被迫降或跳伞，其中 3 人在迫降时丧生，8 人因降落在日占区被俘。其余机组成员降落在敌我交错控制的地区，在中国抗日军民的掩护下，平安转移到重庆。

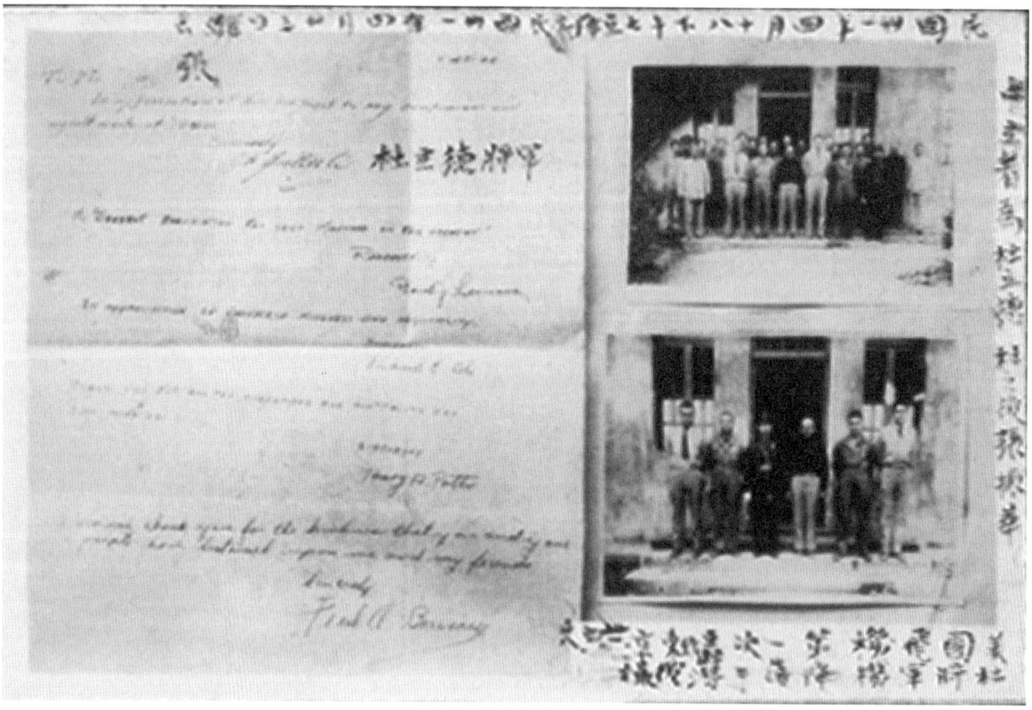

◎美国空军杜立德等在浙江於潜获救后的合影和感谢函（翻拍件），摄于 1942 年 4 月 23 日。

原题　美国飞机第一次轰炸东京　卅一、六、十八　杜将军机降落于潜后摄

民国卅一年四月十八下午七点降落　民国卅一年四月廿三日离去

背题　民卅一年四月十八日晨，美国杜立德将军率轰炸机十六架分八队共六十人炸东京。午后飞衢州，欲下降，适大雨迷途，而衢州我国飞机场无线电事先虽经美国通知谓随时可炸东京，但竟无防备，各机场均不知情，甚至闻机场乱放高射炮。杜立德将军率机飞至下午七点因油罄，机中五人用飞伞下跳，每二秒跳下一人，十秒钟后机撞山顶，其地离於潜县城二十里。杜立德等当时立雨中，次日为乡人所围几时及难，赖地方银行张振华解围，始幸免。

据竺可桢背题文字，杜立德机组5人于18日下午七点跳伞，降落在浙江於潜县城野外20里处，当夜立于雨中，次日为乡民所包围，后得银行职员张振华到场沟通，送往於潜城中。

左页右上图为机组人员与中国招待人员的合影，前排居中者（上身着黑衣）为杜立德，其后为张振华。右下图6人，经与有关照片比对身高和脸型，似可辨，左起为伯德、布雷默、中国人（应为负责接待的中国军官）、杜立德、库尔、雷沃纳德。

杜立德等于4月23日离开於潜，图中左侧是杜立德五人离别前写给张振华的留言，表达他们对张和中国人民的感谢和称赞。“张”和“杜立德将军”是竺可桢的手迹。留言信的上方右侧署时间为“4-23-42”。右侧两照片的拍摄时间亦应为4月23日。杜立德等离开於潜后，应是由周有光做陪同翻译由金华乘吉普车去桂林转重庆。②

◎附图①

左起：领航员伯德少尉、机长杜立德中校、投弹员布雷默上士、副驾驶库尔少尉、机械师／机枪手雷沃纳德上士

杜立德当时军衔为中校，于1943年调往欧洲战场后晋升为中将。在退役26年后，经美国国会特别通过，里根总统授予杜立德四星上将军衔，成为美国空军预备役历史上第一个上将。

竺藏件是对有关资料组合后的翻拍照片，不知原件所出。因在检索有关文献中未发现这份照片资料，因此编入本书中。

① www.chinawriter.com.cn 金玉良《听周有光讲故事》，2010-10-22。

② www.360doc.com/cont 李灏收藏《经典战例·杜立德轰炸东京70周年纪念》，2012-05-09。

◎浙大学生“回声”歌咏队全体合影，摄于 1942 年 7 月。

据日记，浙大学生回声歌咏队于 1940 年 6 月 8 日在遵义老城小学举行第一次音乐会。1941 年 7 月 20 日在该小学举行第二次音乐会（男声中有陶光业、曹景熹、张约翰、虞承藻、王和生、李学应、陆颂强、叶伯陶、彭拔奴、刘颂尧等，女声有王玄娥、张秋芳、朱明华、胡品清、陈素兰、叶楚贞，弹琴者为叶楚贞）。8 月练唱校歌（10，14）。1942 年 5 月 6 日与基督教团契及海韵三团体联合在礼堂举行浙大歌咏会。

1942 年 7 月 9 日，举办浙大音乐会。此后不见记述。

据当年队员刘颂尧的回忆，回声歌咏队之组建最早酝酿于 1939 年初从泰和迁校宜山之时，意在提高歌咏水平，提高抗战士气。队长是曹景熹（另一说是范文涛）。1940 年夏有一张 18 人的合照[①]。

① 《求是》通讯，北京编委会编印，1997 年 19-20 期合刊，第 24-27 页。

◎附图 前排左侧 4 人为女高音，右侧 4 人为女低音；中排男高音；后排男低音

420709 日记

遵 义

晚浙大音乐会，借文化镇中心小学，歌咏演奏，19:30 开始。大部为回声团团员，王章麟指挥，唱者有朱明华、姚文琴、杨霞华、叶楚贞、张秋芳、王通裕、金德春、吴正西、徐宝华、彭拔奴、叶祖游、叶伯陶等。今晚听者座满，所唱一半与去年同。

◎国民党中央训练团中高等学校校长合影，摄于1943年5月2日。

前排左起：王之玕　曾济宽　熊庆来　胡先骕　竺可桢　王广庆
二排左起：周伯敏　齐清心　金曾澄　张之江　丁文渊　刘德润
后排左起：陈思义　廖世承　蒋梦麟　梅贻琦　周宗莲

王之玕（任职未详，待考）；
曾济宽（慕侨），西北技艺专科学校校长；
熊庆来（迪之），云南大学校长；
胡先骕（步曾），中正大学校长；
王广庆（宏先），河南大学校长；
周伯敏，西北农学院院长；
齐清心（仲秋），河北医学院院长；
金曾澄（湘帆），中山大学校长；
张之江（保罗），国术体育专科学校校长；
丁文渊（月波），同济大学校长；
刘德润（敬修），黄河水利工程专科学校校长；
陈思义（诵宜），国立药学专科学校校长；
廖世承（茂如），湖南蓝田师范学校校长；
蒋梦麟（孟邻），北京大学校长；
梅贻琦（月涵），清华大学校长；
周宗莲（泽书），西康技艺专科学校校长。

中国国民党中央训练团，简称中训团，直隶于中央训练委员会，1938年7月成立于湖南祁阳，1939年迁至重庆。1940年3月1日在重庆南温泉开办第一期党政训练班，后迁至浮图关（复兴关）。受训人员为当时各地区、各部门中上级在职人员，中央各部会的科长、秘书以上人员，军事机关学校部队的少校以上人员。中央训练团是短期集中训练制，一般训练时间为四周。1943年1月中央训练团增设党政高级训练班，参加受训的人员来自党政训练班第一至第十期毕业学员中成绩优异者，训练内容分为理论研究与专门业务之研讨两大类。

据竺可桢日记，竺可桢参加了1943年4月11日到5月16日的第25届训练班。浙大校长竺可桢、清华校长梅贻琦、北大校长蒋梦麟、中山大学校长金澄曾四人受聘为中央训练委员会委员，在训练班中不与一般学员排课。竺可桢曾在训练班上作题为“科学与国防”的报告。

430502日记中记有“八点半在训练团各大学校长、院长共拍一照，到十八人”，实际上照片中有17人，其中有多人是专科学校校长。

430507日记

重 庆

北非战争结束，德军退出比塞大Bizerte、突尼斯Tunis，但尚留轴心军二十万在北非，盟军夺取突尼斯Tunis。在中美文化协会讲《天气与战争》。在训练团讲《科学与国防》。前步校职员谢光平来。晚吴志华（女生）来。

晨5:15起。上午9:40～10:30讲五十分钟“国防与科学”，地点在中央训练团大礼堂。听者人多，虽有放大器，但在后者仍嫌听不见。余讲极缓，故五十分钟能讲之材料不多，述应用科学与纯粹科学与国防均有关系。最后讲纯粹科学为知，而应用科学偏于行，揆诸总理知难行易学说，又三民主义“民族”第六讲：对西洋科学须迎头赶上，不能老跟人后，则可知纯粹科学推进之重要，欲巩固国防必先研究科学云云。第二小时晓峰讲“我国战后五大问题”。遇华宏德、寿勉成等。午后17点进城至聚兴村。20点在中央党部礼堂为中美文化协会讲“天气与战争”，主席Maurice Votaw武道，前约翰大学教授。听众百余人。企孙、凌纯声、蔚光、化予及王毅侯等。

在抗战期间，有些浙大毕业生结婚成家后向竺可桢校长报喜并赠送结婚照，更有在结婚时邀请校长为之到场证婚者，以至竺可桢曾调侃说“证婚成为大学校长之副业，政府应准挂牌，如律师、医师，乃所以奖励生产也”。下面收入一组此类照片。

据竺可桢日记，于1944年6月27日接到吴恕三函，7月13日复函。

◎吴恕三（1941届机械系）与何琏玉（1942届农化系），1944年6月摄于昆明。

450116日记

遵　义

上午11点至福音堂参加孙槐生与王秉仪之结婚典礼。二人均扬州属人，王江都而孙兴化。孙槐生向在独山中国银行任事，而王则在红十字会为看护。牧师张东光读赞美诗，并祈祷，行宗教仪式，后再由余读结婚证书，并行礼。今日之礼实可称为中西合璧也。余致辞以太阳为譬，谓一个月来，不见阳光，今日骤见光明。太阳光表示热力，为爱情之征象，亦为能力之表显云。12：30礼成。

◎孙槐生（1940届农经系）与王秉仪，1945年1月摄于遵义。

450729 日记

◎余建彬（1940 届化学系）与曹萱龄（1940 届物理系），摄于 1945 年 8 月 12 日。

遵　义

广西我军已抵镇南关。吉水、吉安先后克复。

二点半叶克勤来，约去酒精厂，为余建彬、曹萱龄新夫妇证婚。三点半至协台坝酒精厂办事处上车，同往羽仪太太、朱诚中、张有清、张荩谋诸人，允敏、松同往。在酒精厂办事处及汤厂长家坐片刻，知遵义霍乱盛行，已死百余人。六点左右行结婚礼，余建彬广东人，曹萱龄鄞县人，为香曾甥女，均民廿九级毕业生。余，生于民五年。曹，民七年生。行礼如仪后，余与汤厂长为证婚人，张胜游夫妇为介绍人，仪式极简单。

◎竺可桢为余、曹证婚，在遵义酒精厂门前合影，摄于 1945 年 7 月 29 日。
前排：曹萱龄（左）、余建彬（右）
后排：竺可桢（左 2）、汤元吉厂长（左 3），两侧疑为张胜游夫妻

与在遵湄期间浙大亡故人员墓地有关的照片

据441001日记，在心理学家黄翼患恶性胃癌晚期病危时，竺可桢与费巩等为选择墓地至遵义老城南门之棋杆山。历史学家张荫麟等先前已葬于此，因此竺可桢称“山上几成浙大员生之墓地”。浙大的另一墓地在洗花井山上。“两墓地相比，棋杆山风景较佳，地势亦优，但嫌远；洗花井交通较便。拟请黄太太决定之。”竺可能倾向选择前者。黄翼去世后，家属未选择棋杆山，而是选择了距离较近的洗花井山。

另据460405日记，竺可桢与张其昀等在清明节为张荫麟扫墓，对浙大墓地和张荫麟事有较多记述。

460405日记

遵义　清明节

二点约李絜非、晓峰与尊生三人赴老城南门外棋杆山上扫张荫麟之墓。其墓前只有一石碑，而四周无石磴。故与晓峰谈，决出资修理以护土。适荫麟有书两屋，袁守和欲售与浙大，荫麟之夫人已再醮嫁与罗姓，愿以书相赠。晓峰意欲与四十万元作史地系研究室购置，其中拨十万元修墓，余允之。三点半回校。

荫麟墓旁有浙大学生之墓多人，如蔡煜（温州人，以肺炎死于卅二年）、徐正书（衢州人，死于卅二年）、王家滨（安徽人，卅四年去世）、杨曦（余杭人，脑膜炎，卅二年）、赖慈立（湘潭，卅四年，T. B.）、杨叔衡（海宁人，卅三年）。区区一亩之地已达七人之多，其旁尚有樊君穆之子永强之墓在也。

◎在棋杆山顶俯瞰遵义，摄于 1944 年 10 月 1 日。

抗战胜利在望，竺可桢拟在遵义为浙大立碑留念，嘱中文系教授王焕镳（驾吾）代为拟稿，终由竺可桢定稿并署名。

◎国立浙江大学黔省校舍记碑，1945年6月。此碑现存于遵义湘滨公园内。

碑文

岛夷之患兴，区内俶扰，徙都重庆，学多内移。士陷贼中者，辄冒险阻，间道来归。国家增学校，延师儒，优其廪给，收而教之。由是西南之名都繁邑，僻区陬壤，往往黉舍相望，弦歌之声洋洋。然顾庶事草创，师资图籍，弗备弗精，亦其势然也。当是时，国立浙江大学迁徙者数矣。民国二十九年春始抵贵州之遵义，而别置一年级生于青岩。既而以理、农二院处湄潭，文、工二院处遵义，师范学院则分布两县间。湄潭有镇曰永兴，一年级生复徙居之。盖积时六稔，而以学院名者五，析系至二十有五；以研究院名者一，析部至五。其隶而附者，若工厂、农林之场、中学、小学之属，又不一而足。师弟子之在校者，总三千人。其讲堂、寝室、集会、办公、操练、庖湢之所，取诸廨宇寺观与假诸第宅之美者十八九。故其材不庀而具，其功不劳而集，其新筑者取苟完而已。凡为屋之数，千有余间。其书自《四部》、《七略》暨声、光、电、化、算数、农艺、工程之著作，不下五万余册；其仪器以件计者三万；机器以架数者七百有奇；标本都万二千。凡所以安其身，养其知，肄习其能者，如此遭时多故，世不复以简陋见责，甚或有从而誉焉者。可桢窃独忧之。夫至变而莫测者，事也；至赜而无竟者，学也。守先哲之所已明，而益穷其所未至，以应方来之变，犹惧或踬焉！况区区但袭故迹，无所增进，而谓可与一世角智力，竟雄长，倖存而不替，何其慎欤！校故在杭县，清季为求是书院，院废，为高等学堂，民国十六年易今名。余乃揭“求是”二字，以与多士共勉焉。军兴以来，初徙建德，再徙泰和，三徙宜山，而留贵州最久，不可以毋记也。 故记之以谂后之人。

校长竺可桢

中华民国三十四年六月立

9 月 3 日为中国抗日战争胜利纪念日，全国各地连日举行庆祝活动。

450904 日记

遵义各界庆祝大会。上午在体育场，下午在社会服务处招待美国军人。晚火炬游行长达十里，为遵义空前之盛况。

8 点至校。9:30 至体育场，各界已集合。10 点开始行典礼，邵君甫主席讲三十分钟，述抗战经过。次余讲十二分钟，述此次庆祝之空前绝后，而在五大强国中我国抗战最久，计八年二月。英国六年，苏联四年二个月，美国三年九个月，法国一年而已。死伤兵士之多，法国五六十万；英、美各约一百余万人；苏联未公布，估计六百万人；我国伤亡三百万人，但壮丁之死于疾病者数倍于此也。此次战争必能奠定永久和平基础，因四大国均地大物博，不应再事侵略，最后述讲委员长昨在重庆之讲演三点，即军队均归国有，实行民主，取消新闻检查，及蠲田赋明年一年等。

据 450905 日记，文学院音乐副教授沈思岩夫妇为竺可桢购得两盒照相胶卷，竺可桢即偕家人到中正桥和文庙拍照；6 日到子弹库拍照；7 日到天主堂拍照。数日后到湄潭，拍摄各处校舍，是个人经历中的纪念，也是为浙大积累校史资料。

◎竺可桢家人到街头参加抗战胜利庆祝活动时留影，竺可桢 1945 年 9 月 5 日摄于遵义中正桥边。
左起：陈汲、竺松、竺津

◎遵义文庙，竺可桢摄于 1945 年 9 月 5 日。[1]

◎遵义江公祠外景，竺可桢摄于 1945 年 9 月。

◎遵义江公祠浙大图书馆内景，竺可桢摄于 1945 年 9 月。

---

① 原题无时间。

◎遵义子弹库，竺可桢摄于 1945 年 9 月 6 日。

450906 日记

遵　义

盟国占领日本军队为数将达五十万，联合国救济总署李门决定以八万万元美金在一年内给中国。何应钦总司令飞南京接受日方投降，正式签字。因日、越南代表未到，展期至九日飞京。

谷正纲于今日飞京还都，接收委员同往者教育甘家馨，卫生姚克方、朱章庚，农林皮作琼等。王耀武入长沙。松入幼稚园。晚师管区司令吴剑平请客。方子勤、秦道坚到校。Cardinal T.H.Newman《大学之性质与范围》。

Aristotle：“Of possessions those are rather useful, which bear fruit; those liberal which end to enjoyment. By fruitful, I mean, which yield revenue; by enjoyable, where nothing accrues of consequences beyond the use. (Rhet i.5)”

晨 6:30 起。8:20 至校。中午时在子弹库拍数照。

◎遵义天主堂，竺可桢摄于 1945 年 9 月 7 日。

据 450907 日记，记有“中午至天主堂，偕允敏、希文、松、阿凯拍数照”。

◎陈汲等在遵义天主堂附近，竺可桢摄于 1945 年 9 月 7 日。
左起：陈汲、竺松、黄章恺、竺津

黄章恺，心理学家黄翼之子。黄翼去世后，竺可桢将其收为义子。

国民政府教育部通知各大学将于9月20日召开会议讨论复员问题，为此，竺可桢于9月14日在湄潭主持校务会议，决定成立以校长为主席的复员委员会。①

450914日记

湄潭

8:30至数学研究所开校务会议第四十七次。9点开会，到四十人左右，振公、洽周、迪生均以病告假。余举行仪式后即读上届纪录，报告校务会议选举结果。首由余报告，述胜利临头，本月二十号教部召集会议讨论复员，故余须提出召集校务会议。述以后办学之方针，法学院势必设立，将来须成3000～3800人之大学。成绩不能降低，而教授人才、设备与房子实为发达学校最要条件。荩谋报告现遵义已到校学生553人，湄潭299人，共852人。新生尚未到，预期150人。杭州房子以2000学生计，二十五系，五研究所。次讨论提案，上课第一学期至本年十二月底止，第二学期临时再定。成立复员委员会，以校长为主席，共十三人，另设湄、永、遵三处分委员会，以校长、胡院长、储主任组织其各别分会。校产如有出售，由分会核准呈校长许可后行之。六点散会，计开会九小时，中午时拍一照。

① 原题“开评议会”系“校务会议”之误。

◎竺可桢在湄潭浙大数学研究所内主持召开校务会议，图为中午休息时的合影，摄于1945年9月14日中午。[①]
前排左5为竺可桢

据450915日记，在开过校务会议之后，如同在遵义一样，竺可桢得暇在湄潭拍摄有历史纪念意义的景物。

◎胡刚复等在湄潭文庙泮池桥上合影，竺可桢摄于1945年9月15日。
王谟显（左），胡刚复（中），蔡邦华（右）
王谟显，物理系讲师；胡刚复，理学院院长；蔡邦华，农学院院长。

① 原题“开评议会”系“校务会议”之误。

◎湄潭浙大物理实验室，竺可桢摄于1945年9月15日。

浙大物理系实验楼建在西门外湄江对岸的双修寺内，有电磁、光学、近代物理学和实验技术几个实验室。在湄期间先后由何增禄和王淦昌担任物理系主任。

◎附图　1944年王淦昌在湄潭的全家福
1942年1月，王淦昌在美国《物理学评论》上发表《关于探测中微子的一个建议》。同年6月，J.S. 阿仑根据王建议进行实验后发表论文《一个中微子存在的证据》。1955年，王淦昌当选中科院学部委员。1999年被授予“两弹一星”功勋奖章。

◎设在湄潭文庙大成殿的浙大图书馆，竺可桢摄于1945年9月15日。
现为浙大西迁历史博物馆

此前于1944年10月25～26日，中国科学社湄潭社友会在浙江大学文庙举行湄潭区年会暨该社成立30周年纪念会，有竺可桢、胡刚复、钱宝琮、王琎、贝时璋等100余人先后到会，宣读论文70余篇。名誉社员、中英科学馆负责人李约瑟亦到会，他后来撰文介绍对浙大考察访问的观感，称浙江大学是“中国最好的四所大学之一”。

据441026日记，“午后李约瑟等参观农化。16:30在生物系与各生物教授讨论生物化学等问题。李本定今晨即回遵义转重庆，后以此间可看之工作甚多，故遂延后日廿八走。”“七点在大成殿，余讲《二十八宿之起源》约一小时半。”

◎附图　竺可桢在大成殿中报告“二十八宿之起源”，李约瑟摄于1944年10月26日。
立者竺可桢，桌旁内侧右为贝时璋，左为王葆仁；外侧右为王琎。

1940～1942年
毕业班学生赠送的相册

在 1941 年以后的几年中，因整个大后方经济困难，物资奇缺，物价飞涨，照相胶卷价格昂贵，竺可桢已“不复拍照”。但这几年中的竺藏照片总量却不小，因为他保留下来的 1940 ~ 1942 届浙大毕业生赠送的三本相册，每册中粘贴有学生个人头像总共 380 余张。

这几本相册看似简单、枯燥，但从教育史研究的角度来解读，却有其丰富的内涵。

国立浙江大学以 1928 年毕业生为第 1 届，1940、1941、1942 这三届排序为第 13、14、15 届。

1940 和 1941 届毕业生于 1936 年和 1937 年在杭州入学，也正是竺可桢受命上任励精图治、整顿校务的起步之时。随后，他们在校长的率领之下，经历了“文军长征”的全过程。1942 年毕业的学生是 1938 年在江西泰和入学的，也亲历了抗战播迁的主要过程。不寻常的经历培养了对学校和校长的不寻常的感情。以个人照片粘贴成的集体相册赠送给敬爱的校长并向校长索赠给每人一张照片，是为这种不寻常感情的一种表达方式。

浙大在抗战期间崛起，在极其艰难困苦的战争环境中，抱“转移国运”之胸怀而为国育才和储才，如果检索一下这些学生的人生经历，人们就可以通过这些相册来检阅竺可桢与其同道们的百年功业。

这些人大多已经谢世，在世者已接近百龄，而这些相册中却永远驻留着他们青春的光彩。

编者以程开甲和施雅风两位名人为例，从传记专著和网上检索都没有发现相册中的照片。至于学校档案中学生注册和个人毕业证书上的照片，或不知保存现状，或是为一般研究者不易见到或得到。

不过，这里应该指出，并不是所有毕业生都将照片贴在了相册中，并不能由某届毕业班学生相册推算出该届毕业生全部名单；此外，可能出于学业成绩和办理手续等问题，并非所有贴照片的学生都是真正当年毕业的学生，有的学生照片连续出现在两届相册中，也正因为如此，我们总称其为“毕业班学生”而非“毕业生”。

编者按照片头像整理出名单，再按名单检索各人的经历，结果可以大致分为三类情况。第一类是根据各人生平中的最高职称、职务、荣誉或服务机关等显示其成才情况；第二类是只查到其曾经工作过的工作机构或其他零星资料线索；第三类则没有查到任何线索。

1940届毕业班学生相册

◎浙大 1940 届毕业班学生赠送给竺可桢校长相册之首页

原题 献给我们最敬爱的竺校长 民二九级全体学生 二十九年八月十六日

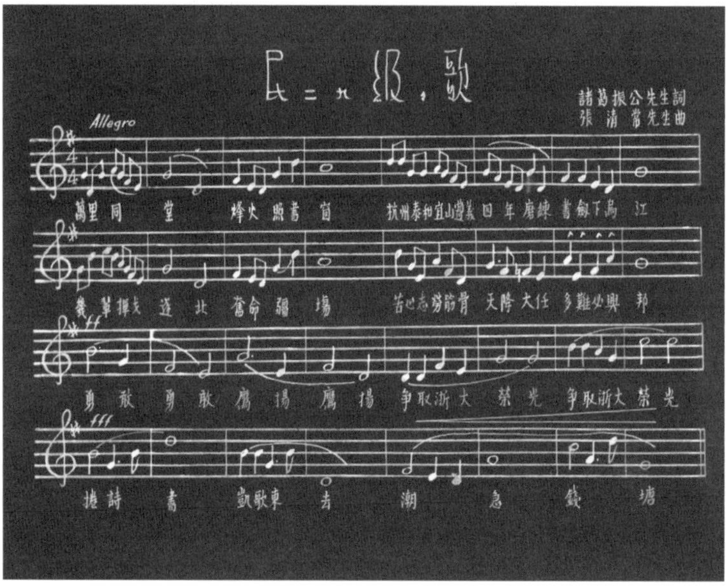

◎民二九级级歌　诸葛振公先生词　张清常先生曲

（歌词）万里同堂　烽火照书窗　杭州泰和宜山遵义　四年磨炼　剑下乌江

几辈挥戈 逐北奋命疆场 苦心志劳筋骨 天降大任 多难必兴邦

勇敢勇敢 鹰扬鹰扬 争取浙大荣光 争取浙大荣光

卷诗书 凯歌东去 潮急钱塘

词作者：诸葛麒（振公），校长室秘书；

曲作者：张清常，浙大中文系讲师（后转入西南联大任教，为西南联大校歌之曲作者）。

156-157

400816日记

遵　义

12：20 警报，12：50 解除　今日倭机炸泸州

德机二千架炸伦敦　浙大毕业典礼

7：30至遵义师范礼堂，时卢益美（法院院长）、石光莹（团管区司令）、吴光杰（外语班主任）均先后到，未几，高文伯专员及孔福民县长均到。我校招待有荩谋、壮予、香曾、邦华、振吾、迪生、刚复、季梁、诚忘等。8点举行典礼。行礼如仪后，首由余致辞半小时，《论欧战给予吾人之教训》。次荩谋报告，计本届117人，计80平均分者23人，电机汤兰九、冯绍昌，化工徐嘉淼，土木周存国、吴廷琦、赵人龙、胡传扬，机械史汝楫、任传丰、来虔等，外语范文涛、李水娟、王文珏、周瑞华，史地沈玉昌、戎文言、王爱云，数学白正国、程民德，物理曹萱龄，农化吴志华，植病王铨茂，农经李秀云。此外乙等78人，丙等16人云。尚有去冬毕业生朱芬芬，华巽，丁普生等十人。待成绩齐全能毕业者三人。次给授证书，各院代表领受。来宾高文伯、吴光杰、卢益美、石光莹、孔福民均有演讲。次教职员代表张晓峰讲演，最后毕业生代表刘守绩答辞，摄影，散已11：15矣。

晚赴播声电影园参与浙大二十九年级临别联欢大会。19点开会，首唱歌，刘守绩致开会辞，献余纪念品，计手杖一，照片簿一，簿中贴毕业班一百卅余人之照片。余上台接受，作一简单之答辞，以明代人所制杖之对联作为临别赠言，即“危而不持，颠而不扶，是将焉用彼相哉。用之则行，舍之则藏，唯我与尔有是夫。”用行舍藏，如诸葛武侯之最初“苟全性命于乱世，不求闻达于诸侯”，而结果则鞠躬尽瘁，死而后已。危持颠扶，乃人人之责也。最后以“同学少年皆不贱”，将来各自发展相期许。

当年，按学生事先提出的要求，竺可桢于年底前向学生回赠了照片。后来，竺可桢研究会和《竺可桢全集》编纂委员会先后征集到由董维宁和张直中两位先生长期保存的照片或复制件。

相册为16开本，以硬纸板为外封，内有46页，黑底。除前两页外，其余44页上共贴有131张单人照片，按系排列。并非“全体”毕业生都在相册之中①，据400816日记，教务长张绍忠（荩谋）在毕业典礼上报告本届毕业生不少于237人。

相册中的照片按系组合排列，编者按原有位序将全部名单整理如下。

① 如史地系之戎文言，土木系之周邦立、凌熙鼎、陈家振等。

史地系 王爱云

中学教员
黄秉维之妻

史地系 王德昌

大连第15中学

史地系 沈玉昌

中科院地理研究所地貌室主任

史地系 赵和铃

教育系 唐春林

教育系 刘玲菊

教育系 姚文琴

联合国纽约国际学校教师
汤永谦之妻

教育系 汤马伟

赣南师范学院附属中学校长
【上海】①

外文系 王文琢

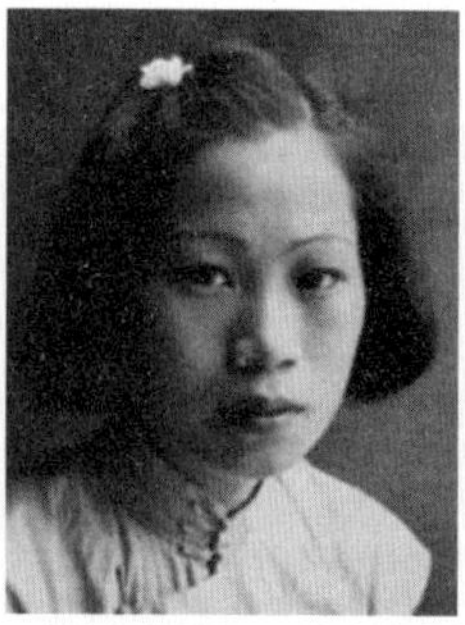

外文系 李水娟

【湖北】

外文系 范文涛

外文系 周瑞华

① 【 】内的文字表示其晚年居住地，此项大多依据《浙大校友通讯录》。

数学系　钱大业

上海机械工程成套总公司

数学系　程民德

中科院院士　北京大学教授

数学系　陆慧英

安徽师范大学教授

数学系　颜家驹

上海交通大学数学系副教授

数学系　郑锡兆

华东师大附中

数学系　吴祖基

郑州大学数学系主任

数学系　白正国

杭州大学数学系主任

物理系　江乃纯

东北师范大学

丁锡祉之妻【成都】

物理系　曹萱龄

浙江大学物理系副主任

物理系　鲍光汉

物理系　孟环雄

生物系　宋慕法

中国蚕桑研究所

丰子恺之次婿【上海】

化学系　余建彬
遵义酒精厂

化学系　张　磐
上海染料涂料研究所所长

化学系　严寿萱
台湾新竹工业园区 【美国】

化学系　虞德麟
台湾经济部工业局局长

化学系　李雅芳

化学系　徐　龙

化学系　李敬机
湖南造纸工业公司总工

化学系　李志趏

化学系　徐嘉淼
上海市煤气公司副经理兼总工

化学系　孙翁儒
马鞍山钢铁设计研究总院总工

化学系　王参元
台湾肥料公司 【美国】

化学系　汤永谦
美国特克里公司总裁

1940～1942年毕业班学生赠送的相册

化学系　陈伯平

郑州油脂化学厂总工
轻工业部油化厂副总工

化学系　张胜游

浙大化工系

化学系　谢承范

上海化工原料公司设计室

电机系　冯绍昌

美国美矽电晶体公司副总

电机系　叶自仪

哈尔滨电机厂副总设计师

电机系　王家珍

贵州都匀发电厂

电机系　孙新传

重庆电厂

电机系　吴守一

国民党中央广播电台总工

电机系　何　杲

常熟市人大常委

电机系　朱传钧

重庆文德女中
陆兰秀烈士之夫【南京】

电机系　张　煋

台湾大学电机工程系教授

电机系　洪　鲲

江苏师范学院数学系副教授

电机系　李景奇

电机系　吴长槐

电机系　汤兰九

电机系　虞承藻
宝鸡烽火机械厂总工

电机系　朱希侃
【南京】

电机系　张直中
中国工程院院士
四机部第十四所总工

电机系　吴祖光
华北电业局副局长兼总工
【北京】

电机系　袁可志

电机系　王兴蔚

电机系　葛果行
武汉华中工学院

电机系　潘锡圭
南京邮电学院副院长

电机系　方重寿
【台湾】

1940～1942年毕业班学生赠送的相册

电机系　汪　达

【美国】

土木系　阳　章

从事铁路建设【北京】

土木系　吴廷璟

海军司令部工程部
太原市化工部第二设计院

土木系　周存国

四川大学、四川工学院教授

土木系　金亮方

土木系　胡传扬

土木系　董维宁

土木系　吴廷琦

【上海】

土木系　谢　汶

美国田纳西河流域管理局
主任工程师

土木系　赵人龙

水利电力部基本建设司副总工

土木系　孙怀礼

【云南】

土木系　周宗汉

列选台湾"十大建筑师"
【美国】

1940～1942年毕业班学生赠送的相册

土木系　徐伊伯
【上海】

土木系　朱昭锷
台湾糖业公司运输部门

土木系　陈家模
【上海】

土木系　周竞之
铁道部十三工程局副总工
【新疆】

土木系　周家骥

土木系　龚先芬
国家劳动人事部高工

土木系　胡泰成

机械系　陈洪达

机械系　汤　翊

机械系　陆以楚
【台湾新竹】

机械系　陆颂强
台湾台肥公司副总

机械系　金礼枢

机械系　许丕泉

机械系　孙文彬

机械系　沈承书

【山西】

机械系　朱天表

【天津】

机械系　任传丰

浙江大学机械系副教授

机械系　石　瑛

机械系　顾乃亨

中国科技大学教授【山东】

机械系　史汝楫

长春一汽公司轿车厂副厂长

机械系　来　虔

西安交通大学

机械系　孙钦和

机械系　龙家浩

机械系　黄存正

一冶总工【湖北】

机械系　沈君仪

【上海】

机械系　张志辉

【美国】

机械系　沈文宝

【杭州】

机械系　干振球

机械系　俞百禄

在巴西经营机器厂

蚕桑系　刘守债

园艺系　黄佩文

【湖北】

园艺系　施履吉

中科院院士

中科院上海细胞生物学所

研究员

园艺系　罗经才

农化系　冯　慧

中科院动物所研究员

叶笃正之妻

农化系　卜　方

农化系　吴志华

南京大学土壤系副教授

1940～1942年毕业班学生赠送的相册

农化系　徐伯仲
永利总厂造气车间副主任

农化系　席连之

农化系　鲍范志
【宁波】

农艺系　吴祖亮
【南京】

农艺系　盛家廉
中国农科院作物所杂粮室主任
徐州地区农科所甘薯组组长

农艺系　李名聪

农艺系　余学熙

农艺系　孙林宗

农艺系　李成章
【上海】

农艺系　汤冠雄
台湾甘蔗改良场场长

农艺系　张鸿谟
武昌农业学院教授

农艺系　刘　泰

农艺系　季景元
【台湾】

病虫害系　王铨茂
华中农学院教授【武昌】

病虫害系　曹景熹
美国乔智亚大学昆虫学教授

病虫害系　徐道觉
美国休斯敦安德森医院

农经系　吴大炘
中国农科院农经所研究员

农经系　王章麟

农经系　施之元

农经系　李秀云
中国农科院研究生院教授

农经系　孙槐生
贵州独山中国银行

1940～1942年毕业班学生赠送的相册

1941 届毕业班学生相册

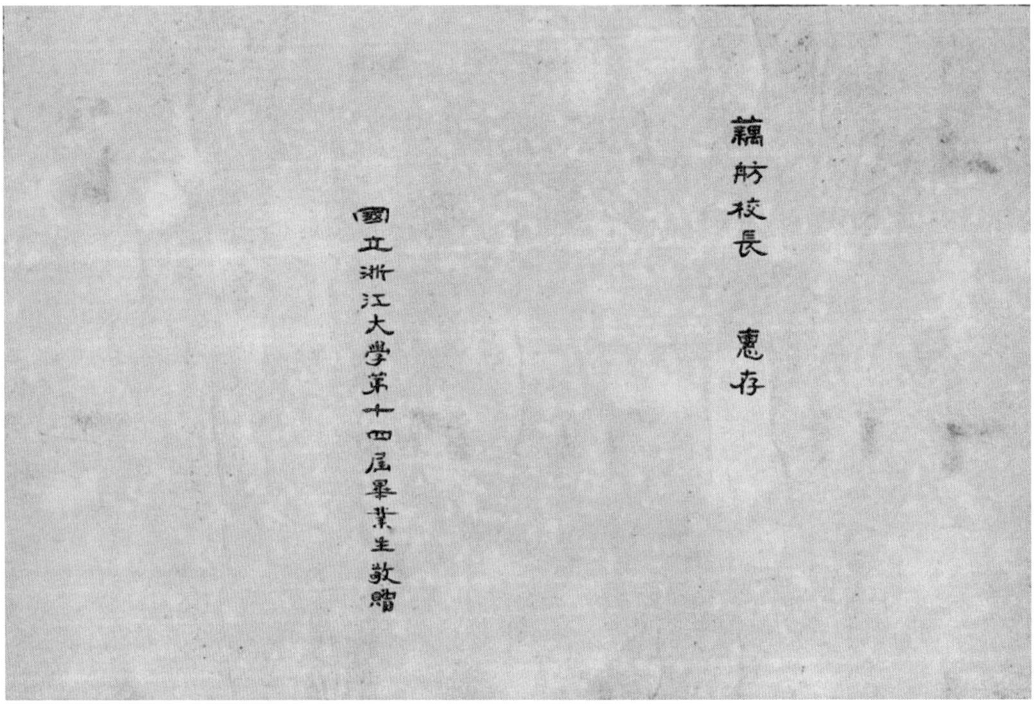

◎浙大 1941 届毕业班学生赠送给竺可桢校长相册之首页

原题　藕舫校长　惠存　国立浙江大学第十四届毕业生敬赠

1941年7月，浙大举行第14届毕业典礼四个月之后，这本相册被送到了竺可桢校长手中。

据411110日记，“五点回。本夏毕业生代表裘克安、陈益焜来，赠余图章一枚，又贴好照片Album照片簿一本。每人均有小照，唯其中尚有缺者，实贴122人，其中有36人戴眼镜。”

相册为八开本，以软纸板为外封，封面印有Photoalbum。内有48页，黑底。只用单页而双页空白。第1页如上图，字写在白纸上。第3～41页为毕业生照片。第43页之后由竺可桢粘贴后几年学生赠送的照片。全册共贴有123张单人照片。只有姓名，没有系别。不知以何标准排序。按原有位序将全部名单整理如下。

以下大致根据上述名单，按前述三类不同检索结果排序。

李精治
遵义四中任教

范祖珠
儿童心理学家【北京】

余以埙
扬州中学

丁兆骐

沈衍圻

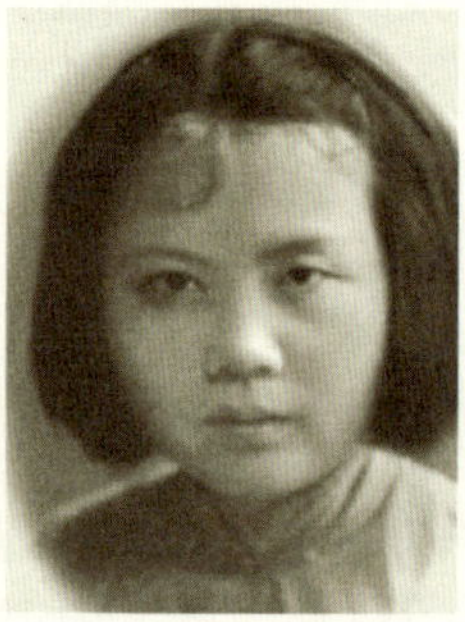
谭淑柔
浙江师范学院

周积和

杨怀仁
南京大学地理系教授

周恩济
河海大学教授

邓永璋
贵阳一中

沈自敏
中国社科院近代史所

谢觉民
美国匹兹堡大学教授

1940～1942年毕业班学生赠送的相册

徐润炎

大连工学院应用数学所

程开甲

中科院院士
两弹一星功勋奖章获得者
国家最高科技奖获得者

解俊民

中国科技大学教授

黄宗甄

中科院科学出版社高级译审

王祖农

微生物学家
山东大学副校长

周敏先

【北京】

韩望云

章臣懿

清华大学（化学）

傅圣瑛

江西农大副教授

何葆善

【上海】

陈宁馨

美国麻省劳威尔大学化工系
教授

杨士林

浙江大学校长

王敬惠

杨存富

丁时范

【美国洛杉矶】

徐庆凤

毛振琮

中科院电子学所研究员

叶畲丰

山东省冶金研究所

刘隆士

一机部电器工业局总工

唐尚志

云南省电力学校高工

彭日知

天津大学电力及自动化系教授

虞承藻

辽宁电子研究所所长

钱汝泰

三门峡工程局动力分局
主任工程师

周颂德

四机部1409所副所长
国家广播电视工业总局高工

1940～1942年毕业班学生赠送的相册

袁可志
纺织工业部设计院高工

高广龄

黄焕焜
浙江大学电机系教授

田致和
交通部船舶局【陕西兴平】

顾贻训
浙大机械工程系【北京】

甘石泉
【北京】

郭大智
电子部长春793厂总工

陶定中

林宝煦

沈家楠
航天工业部一院控制系统
研究所副所长

袁广澍

孙百城
华中电管局总工

1940~1942年毕业班学生赠送的相册

蔡 骅

李盎生
【上海】

黄宗麟

张宗骥
西安皮革厂

丁培墉
译《钢脱碳过程的理论》

徐炳猷
【美国南加州】

庄 驭（庄自强）
西北轻工业学院教授

吴济华

徐鸿方
【加拿大】

郑逦瑜
【江苏】

蔡思齐

姚凤仙
上海大中华橡胶厂高工

沈善炫

上海化工厂

陆福臻

上海化工厂

卢世深

交通部科研院研究室副主任

董钟渭

【湖北】

朱鹏程

水利水电科研院高工

陈嘉猷

长春勘察设计单位

吴汝棠

【北京】

张福范

清华大学材料力学教研室主任

梁德荫

【巴西圣保罗市】

陈益焜

水利部规划设计管理局副局长

戚　和

【北京】

刘昌汉

机械部设计院抗震室高工

刘颂尧

电力部水电总局
北京市公路科研设计所所长

臬学炳

北京市公路科研设计所所长

求良槐

徐品高

淮阴专区水利局高工

王 铠

【北京】

鲍乃鼎

【美国】

陶光业

美国圣路易市华盛顿大学

孙 钧

一机部机械科学院
蚌埠机床厂

李元石

吴恕三

哈尔滨锅炉厂副厂长
黑龙江省机械工业厅副厅长

霍少成

南京工学院

赵梯熊

台湾工业界

1940~1942年毕业班学生赠送的相册

蒋鸿宾

胡汉章

西安交通大学

钮因美

美国西弗吉尼亚大学机械与航空系教授

陈绍荣

俞震益（俞震豫）

浙江农业大学教授

董维良

中国印刷公司高工

李克寅

薛世茂

张宝书

【上海】

陶瑞麟

七机部 179 厂副厂长
11 所副所长

徐修治

【上海】

童景炎

公路建设 【河北】

1940～1942年毕业班学生赠送的相册

王兆有

浙大机械工程系

邓芝书

李象惠

【上海】

刘世骅

电子工业部推广应用研究所所长

郑长庚

北京农业大学教授

乔礼秋

1955年出版《土壤》

【江苏】

金成忠

林世成

中国农科院作物所水稻室主任

熊重信

福建永安农林研究所

朱德琳

台南糖业试验所育种系主任

陈德植

福建永安农林研究所

蔡致谟

台湾嘉义农业试验所园艺系主任

唐福圃

江西中医学院系主任

蒋聪强

浙江农大、云南农大教授

【重庆】

赵荣琛

毛金生

陈善明

中科院新疆分院副院长
兼新疆化学所副所长

甘履登

撰写《液氨施肥简介》

【河南】

唐　觉

浙江农大植保系昆虫学教授

葛起新

浙江农大植保系副主任

沈维祥

许兆璧

四川省蚕桑研究所 【南充】

谭道权

辽宁师范学院 【大连】

胥爱岳

王培埙

国家统计局贸易物价司

萧刚柔

湖南农学院植保系教授
中国林科院林业所室主任

裘克安

外交部翻译室顾问
外交学院教授

1940～1942年毕业班学生赠送的相册

1942届毕业班学生相册

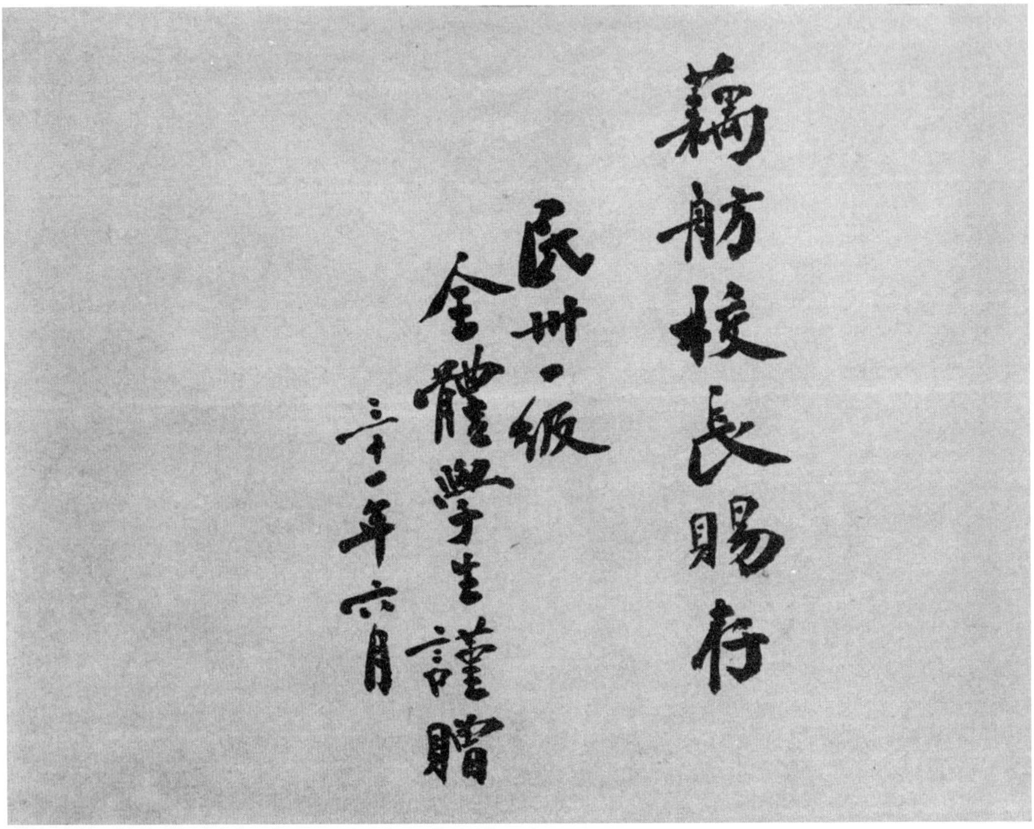

◎浙大 1942 届毕业生赠送给竺可桢校长相册之首页
原题　藕舫校长赐存　民卅一级全体学生谨赠　三十一年六月

浙大 1942 届学生毕业典礼于 7 月 2 日举行，此相册署时为该年 6 月。与前两年不同，似在举行毕业典礼前奉赠。在日记中没有记述有关相册事。

420702日记

遵　义

第十五届毕业典礼在县党部礼堂举行。八点十分即举行典礼，到学生二百人。行礼如仪后，余演讲，题为《抗战建国与研究》。讲三十分钟。下午毕业同学会献旗，次教职员代表郭洽周讲大学生应具之条件，最后毕业生柳克令代表答辞，又荩谋因病未到，迪生代表报告毕业人数。

又据420607日记，“本届毕业174人，共十五省，计浙51，苏41，赣21，湘、皖各10，川省九人，粤8，闽、桂各6，鄂4，滇3，直2，辽、黑各1，晋省1，惟豫、甘、陕、鲁、黔各省无人”。

相册为16开本，以硬纸板为外封，封面印有“Photographs”。内有44页，黑底。首页留空，写有“校长玉照”，但无照片。从第3页起为学生照片，按文、理、工、农四学院排序，各学院按系排序。可能是主事者先按顺序将毕业生姓名写入（字白色），再粘贴照片，因此出现一些有姓名而无照片的空位。

全册共有照片132张，现大致依相册中列名之位序，将全部名单整理如下。

因本书以竺藏照片为研究对象，对无照片而存名者不做追踪检索。

外文系　胡品清

台湾文化大学法文系主任，
诗人，作家

外文系　庞曾漱

全国妇联国际联络部西亚
非洲组组长
中国社科院青少年所

外文系　宋超群

外文系　罗振兴

外文系　王振中

教育系　汪　湘

教育系　周淮水

浙大师范学院教育系

史地系　施雅风

中科院院士
冰川冻土研究所所长

史地系　赵松乔

中科院地理所室主任

史地系　于震天

史地系　张效乾

数学系　陈仲谦

1940～1942年毕业班学生赠送的相册

数学系　罗汝梅

华中工学院

数学系　方予真

物理系　梅镇安

北京大学生物系教授

化学系　张粹新

化学系　陈德清

化学系　陈树锷

化学系　沈仁权

复旦大学生物系教授

化学系　施亚夫

化学系　王通裕

纽约州立大学细胞及分子生理教研室

化学系　袁慰堂

台湾工业界

化学系　陈效威

化学系　王世文

武汉第四中学

化学系 周家鹏

兰州化工厂 上海纺织系统

化学系 陈祖铿

【台湾】

生物系 王世泽

生物系 周本湘

华东师范大学教授

电机系 乔 华

电机系 王兴蔚

上海市公用事业管理局高工

电机系 顾时希

上海市纺织科学研究院高工

电机系 杭炳坤

【上海】

电机系 陈 鲤

电机系 沈庆垓

成都电讯工程学院电真空

工程系主任

浙江大学无线电系教授

电机系 张德骅

电机系 郝守谦

1940～1942年毕业班学生赠送的相册

电机系　杨治祥
四川省电力设计院

电机系　费隧生
北京一机部电工总局

电机系　杨家祥
四川省电力工业局高工

电机系　陈仁賢
上海机电设备招标公司高工

电机系　梁　钧

电机系　萧崇岳
成都铁塔厂

电机系　楼维照
上海机械学院

电机系　罗燕生

电机系　熊大慰
太原理工大学教授

电机系　丁成章
加拿大新布朗斯维克大学

电机系　马步原
台湾清华大学核子工程系系主任兼电子研究所所长

电机系　黄乃良
西安机电部第7设计院高工

1940～1942年毕业班学生赠送的相册

电机系　陈国光

西安交通大学电子工程系教授

电机系　王绍先

西安交通大学教授

电机系　施祖述

中国民航局北京管理局通信导航处

电机系　李纪和

【美国】

电机系　郑尚文

青岛石油化工厂

电机系　徐明镇

西安交通大学教授

化工系　徐立成

台湾美国高分子材料公司

化工系　邓颂九

华南工学院化工机械系主任

化工系　曹蓉江

北京有色金属研究总院高工

化工系　俞成孝

台湾碱业公司

化工系　张履铉

天津有机化工公司

化工系　周家义

化工系　萧　溯

美国PMC公司

化工系　刘敬礼

台湾碱业公司

化工系　郑明涛

云南省化工厅

化工系　张季良

化工系　陈伯衡

【台湾】

化工系　曾　宏

化工系　李应生

重庆蓄电池总厂高工

土木系　吉上宾

列入《当代贵州水利人物志》

土木系　董维宁

土木系　陈家振

土木系　忻仲信

土木系　朱葆珊

天津铁道部第三勘探设计院

土木系　周勤文

土木系　陈裕良

常州民用设计建筑设计院

土木系　吴光铣

镇江市水利局

土木系　蒋立中

云南以礼河电厂学校

土木系　王国权

土木系　熊修懿

郑州铁路局

土木系　刘世勋

土木系　吴美淮

土木系　熊大枚

铁道部第二设计研究院高工

土木系　李子器

浙江省林业厅

土木系　徐允升

成都铁路局

土木系　何福照

交通部公路设计院桥梁设计总工

长沙交通学院院长

1940～1942年毕业班学生赠送的相册

土木系　萧绍铣

建筑工程高工

土木系　庹世袭

四川省林业厅

土木系　朱耀根

重庆市第二商业局设计室

土木系　张锁庆

鞍山钢铁公司

土木系　彭世勋

桂林水利电力设计院

机械系　刘奎斗

台湾森美工程公司董事长

机械系　卢成春

机械系　刘绳祖

机械系　茅继庆

机械系　叶　枏

包头钢铁设计研究院高工

机械系　梁允奇

浙大机械工程系副教授

机械系　朱伯欣

上海机电工业局

1940～1942年毕业班学生赠送的相册

机械系　邹辅侯
台湾华邹国际有限公司

机械系　何顺康

机械系　翁家潮
浙江大学材料系

机械系　周有筏
台湾铝业公司加工厂

机械系　王光萍

机械系　柳克令
中国农大经济管理学院教授

机械系　陈运铣
浙江大学热物理系主任

机械系　陈炳炘
南昌柴油机厂总工

机械系　顾吉衍
台湾中远实业有限公司经理

机械系　郑化石
四川南川县道南中学

机械系　杨昌勋

机械系　陈天枢

机械系　陆万荣

昆明重型机械厂

机械系　余昌震

农艺系　汪丽泉

浙江农业大学农学系教授

农艺系　章　清

【美国旧金山】

园艺系　叶楚贞

台北师范学院

园艺系　朱明华

天津师范大学生物系

园艺系　章瑞华

西南农业大学园艺系

园艺系　张书德

【北京】

农化系　戴行钧

北京市食品研究所高工

农化系　何琏玉

哈尔滨锅炉厂中央实验室副主任

农化系　朱汝璠

华中农学院土壤化学系

病虫害系　袁嗣令

中国林科院林业所研究员

病虫害系　李学骝

浙江农业大学植保系教授

病虫害系　陈效奎

【澳大利亚】

蚕桑系　李世鹏

农经系　陈析生

农经系　李荣爵

【上海】

农经系　张射光

农经系　张秋芳
【北京】

农经系　叶　萱

农经系　范少卿

农经系　张克勋

农经系　岑昭仁
广东广雅中学

农经系　金承礼

农经系　楼宇成
【合肥】

附录

竺可桢行迹（1937.7 ~ 1945.9）

浙江大学和气象研究所抗战前期播迁路线图

照片人名索引

竺可桢行迹（1937.7～1945.9）

1937年　48岁

常驻地：杭州

0705—0709[①]	往返杭州—南京
0712—0723	往返杭州—庐山
0730—0805	往返杭州—南京—上海
0815—0821	往返杭州—南京
0926	往返杭州—天目山
1002	往返杭州—建德
1013—1016	往返杭州—南京
1024—1026	往返杭州—天目山
1114—1117	往返杭州—建德
1119—1123	杭州—天目山—歙县—屯溪—建德

常住地：建德

1209—1216	建德—玉山—南昌—吉安—泰和—贵溪—衢县
1226—1231	建德—兰溪—金华—常山—玉山

1938年　49岁

0101—0108	玉山
0108—0111	贵溪—南昌—樟树
0111—0125	吉安
0125—0205	往返吉安—南昌—长沙—汉口
0205—0219	吉安

---

① 表示从7月5日到7月9日，下同。

常驻地：泰和

0225—0307　往返泰和—惠州—香港

0407—0501　往返泰和—南昌—长沙—汉口—重庆

0603—0605　往返泰和—南昌

0630—0725　往返泰和—南昌—长沙—汉口—桂林—衡阳——泰和

0918—0925　泰和—桂林—宜山

常住地：宜山

0928—1004　往返宜山—桂林

1106—1110　往返宜山—桂林

1212—1231　宜山—南宁—龙州—河内—滇越铁路—昆明—重庆

1939年　50岁

0101—0115　重庆—贵阳—独山—河池—宜山

0223—0327　往返宜山—贵阳—遵义—重庆—昆明

0502—0505　往返宜山—桂林。

0609—0626　往返宜山—贵阳—遵义—湄潭

0708—0713　往返宜山—柳州—桂林

0805—0811　往返宜山—桂林

0830—1002　往返宜山—桂林—重庆—北碚—乐山。

1940年　51岁

0103—0106　往返宜山—桂林

0112—0129　宜山—贵阳—遵义

常住地：遵义（遵义到湄潭的往返不列入）

0215—0219　往返遵义—贵阳

0229—0418　往返遵义—重庆—北碚

0530—0604　往返遵义—贵阳

0718—0728　往返遵义—贵阳

1014—1130　往返遵义—重庆

1941　52岁

常驻地：遵义

0212—0415　往返遵义—重庆—北碚

0429—0502　往返遵义—贵阳

0730—0803　往返遵义—贵阳

0825—1018　往返遵义—重庆—北碚

1942年　53岁

常驻地：遵义

0307—0429　往返遵义—重庆—北碚

0521—0526　往返遵义—贵阳

0721—0726　往返遵义—贵阳

1217—1231　遵义—重庆

1943年　54岁

常驻地：遵义

0101—0202　重庆—遵义

0328—0604　往返遵义—重庆—北碚

0726—0731　往返遵义—贵阳

1122—1204　往返遵义—贵阳

1212—1231　遵义—重庆—北碚

1944年　55岁

常驻地：遵义

0101—01114　北碚—重庆—遵义

0308—0405　往返遵义—重庆—北碚

1945　56岁

常驻地：遵义

0217—0422　往返遵义—重庆—北碚

0709—0717　往返遵义—贵阳

0919—0930　遵义—重庆

浙江大学和气象研究所抗战前期播迁路线图

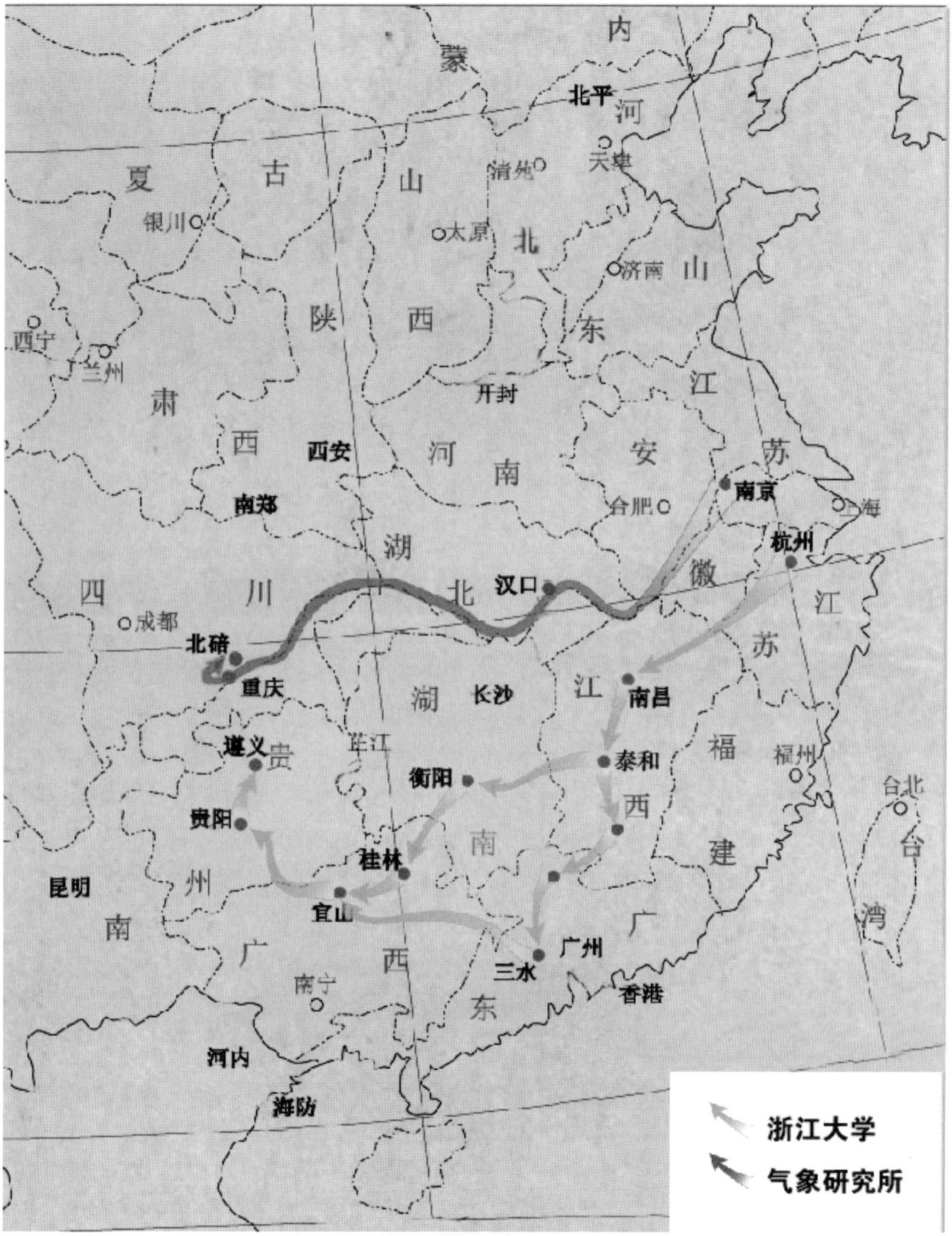

◎浙大自江西泰和迁广西宜山有南北两条路线，大部人员走北线，而图书仪器等走南线，价廉且安全。

照片人名索引

本索引中收入照片中的人名先按汉语拼音音序排列，再按西文字母的次序排列。

J

L

M

N

P

Q

R

S

T

Z